はじめてでも、ふたたびでも、
これならできる!
レポート・論文のまとめ方

新田誠吾
NITTA SEIGO

はしがきに代えて
レポート・論文は書くのではなく、作るもの

　本書は、レポート・論文を作り上げるための手引きです。当初、担当の編集者からは「レポート・論文がすらすら書ける本」という仮タイトルの提案がありました。しかし、私はあえて**「すらすら」は外してほしい**とお願いしました。**文章さえうまく書ければ何とかなるという本にはしたくなかった**からです。

　レポート・論文とは、**自分が疑問に思ったことに答えるもの**です。

　本書の前半では、私がこれまで大学で行ってきた論文指導の経験から、

　「テーマの見つけ方」
　「問いの立て方」

に多くのページを割きました。書き方に迷ったら、本書の目次や索引を活用してください。また、

　「自分の好きなテーマで論文を書いていいのか？」
　「どこまで、どうやって調べたらいいのか？」

という基本的な疑問にも答えています。

　本書の後半では、レポート・論文を書く際に必要となる技術を学ぶことができます。レポート・論文が、研究成果を伝えるものである以上、読む人に内容が伝わるように書かなければいけません。

　本書が目指したのは、「すらすら」書くよりも、**読む人に「分かりやすく」伝わる技術**です。

第5章は、主張を明快に伝えるための段落の書き方です。実は、あるポイントを意識するだけで、文章が劇的に変わります。私が大学のゼミで行ってきた「**200字作文**」のビフォーアフターの実例を載せました。この書き方を、レポート・論文の段落で使えば、論理的に組み立てられるようになります。

　第6章では、文章の完成度を高める「**20のポイント**」を挙げました。誤解を生まない文を書くために大切なこと、用語・用字・句読点などの最低限のきまりについても知っておいてください。この章は、自分が文章を書く際の癖を知るためにも、読んでいただきたいと思います。

　本書で伝えたいことは、他にもあります。事実（ファクト）と意見（オピニオン）を見極める力です。インターネット空間では、事実、意見、感想の境界があいまいなまま、多くの情報が飛び交っています。レポート・論文には不確かな情報は載せないというルールがあります。事実と意見の識別に敏感になり、物事の本質を捉える一助となればと考えます。

　問題にぶつかったとき、
「何が問題なのか」
「それに関するデータはどうなっているのか」
「どのような解決策があるのか」
　を考えるのは、あなた自身です。本書によって、経験や直感だけに頼らず、どのように考えたらよいかを一緒に考えていただくことが、著者のこの上ない喜びです。

　　令和元年十月

新田　誠吾

CONTENTS

はしがきに代えて
　レポート・論文は書くのではなく、作るもの　　　3

本書の特徴と使い方　　　14
検索方法　　　15

第 1 章　レポート・論文の基本知識　　17

1　論文はこのように組み立てる　　　18

2　小論文・レポート・論文の違いを知ろう　　　20
　◎レポート・論文の思考プロセス　　　24

3　レポート・論文は研究の「入り口」　　　26
　◆単位のため、卒論のため……？　　　26
　◆問題を見極める力を付けるため　　　26
　◆自分の考えを客観的に他人に伝えるため　　　27

4　レポート・論文に必要なのは「攻めの姿勢」　　　28
　◆ポイント1　問題の本質をつかむ　　　28
　◆ポイント2　常識や通説を疑って批判的に考える　　　30

5　レポート・論文の二つの型　　　32
　◆「報告型」と「論証型」がある　　　32
　◆本書で扱う「論証型」とは　　　34

第2章　レポート・論文の準備Ⅰ　　　35
　　　　　心構えから資料収集まで

1　手を付ける前の「心構え」　　　36
　◆いきなり書かない　　　37
　◆資料は十二分に集める　　　37
　◆時間をかける（論文タイムを意識して作る）　　　37
　◆卒業論文の進行目安　　　38
　◆執筆中の情勢変化、どこまで反映する？　　　39
　◆提出期限が迫っている人は……　　　39

2　課題の内容を最初に理解する　　　41
　◆その課題が何を求めているか確認する　　　41
　◆キーワードを正確に定義しておく　　　42
　◆分からない用語は調べてメモする　　　43

3　レポート・論文のテーマの見つけ方　　　44
　◆出発点はあなたの中の「引っかかり」　　　44
　◆身近な事件が大きなテーマの糸口に　　　45
　◆なじみ深いテーマを斬新な切り口で　　　45
　◆メモが脳の負荷を減らす　　　46

4　問題を見つけよう（調査の開始）　　　49
　◆状況と問題点の把握に努める　　　49

5　調査する①　「現場」を自分の肌で感じる　　　50
　◆レポートは足で書け　　　50
　◆知る人ぞ知る映画祭の「現場」に　　　50
　◆現場に慣れると問題が見えない　　　51

6　調査する②　インターネットで検索する　　52
- ◆検索の利便性は日々進化している　　52
- ◆国や自治体、企業 IR の情報は信頼できる　　52
- ◆インターネットの情報に依存しない　　54
- ◆ウィキペディアは要注意。その理由とは？　　55
    - コラム　情報の目利きになる　　55

7　調査する③　図書館で文献などを探す　　56
- ◆大学図書館を使いこなそう　　56
- ◆ OPAC で検索して書架へ行く　　56
- ◆目次と「はじめに」を読む　　58
- ◆データベースを使いこなす　　58

8　その他の情報の探し方　　60
- ◆論文・雑誌を探す　　60
- ◆新聞記事を探す――論文における強い味方　　60
- ◆政府統計資料を探す　　61
- ◆民間の統計データを利用する　　61

9　統計データやアンケートを扱う際の注意点　　62
- ◆民間の統計データは「母集団」に注意　　62
- ◆アンケートには 2 タイプ――定量調査と定性調査　　62
- ◆アンケート調査には工夫が必要　　63
- ◆得られた結果をどう見るか　　64

10　情報源の管理の仕方　　65
- ◆引用元と出典の違い　　65
- ◆情報源をメモする　　65
- ◆資料探しに困ったときは　　67

第3章 レポート・論文の準備Ⅱ 資料の読み込みから問題整理まで　69

1　問題点を絞り込む　70
- ◆資料に見えない「答え」を見つけよう　70
- ◆問題点を書き出してみる　71
- ◆問題点は複数集めてから一つに絞る　72

2　問いを立てる　74
- ◆問いの形は疑問文にする　74
- ◆立てた問いを見直してみる　74
- ◆what ではなく、why、how、should で考えてみる　75
- ◆問いがなかなか決まらないときは　76
- ◆自分の立てた問いをチェック　77
- ◆レポート・論文に適さない問いの例　78

3　アウトラインを作成する　81
- ◆アウトラインとは、見取り図である　81
- ◆アウトラインは、こう考える　81
- ◆アウトラインは、こう書く　83
- ◆アウトライン支援ツールを試してみよう　84
  - ◎アウトラインの完成形　86
  - ◎資料・段取り・思考の軌跡を振り返る Preparation Sheet　88

第4章　組み立てて執筆する　93

1　事実と意見を明確に仕分けする　94
- ◆事実（ファクト）を正しく見極める　94
- ◆意見（オピニオン）を堂々と押し出す　95

◆推測や感想は書かない　　　　　　　　　　　　　96
◆事実と意見を混同しない　　　　　　　　　　　　97

2　構成を決める　　　　　　　　　　　　　　　　98
　◆3部構成・5部構成のいずれかを選択する　　　　98
　◆序論・本論・結論（3部構成）　　　　　　　　　98
　◆IMRAD（5部構成）　　　　　　　　　　　　　98

3　書式・文体などのルールを知る　　　　　　　100
　◆サイズ・縦横・余白など　　　　　　　　　　　100
　◆表紙　　　　　　　　　　　　　　　　　　　　100
　◆フォントタイプ、サイズ　　　　　　　　　　　100
　◆文体は常に「である」調で　　　　　　　　　　100
　◆Wordの便利な機能は活用しよう　　　　　　　101
　◆単語登録　　　　　　　　　　　　　　　　　　102
　◆手書き原稿もOK？　　　　　　　　　　　　　102

4　執筆する①　序論　　　　　　　　　　　　　105
　◆序論は予告編。作業の終盤に書いてもOK　　　105

5　執筆する②　本論　　　　　　　　　　　　　108
　◆本論では方法・先行研究・結果を述べる　　　　108

6　用語を定義する　　　　　　　　　　　　　　110
　◆「問い」に含まれる用語は定義する　　　　　　110
　◆分かりにくい用語は定義する　　　　　　　　　111

7　本論をどう組み立て、結果を導き出すか（実演）　112
　◆主張には根拠となるデータや事実を必ず示す　　117

8　本論に図表を挿入する　　118
- ◆図表のルール　　118
- ◆図の扱い方　　120
- ◆表の扱い方　　121
- ◆グラフの種類と性質を知ろう　　122

9　執筆する③　結論　　123
- ◆問題提起から問題解決まで振り返る　　123
- ◆結論部分の鉄則は三つ　　124

第5章　文章表現の向上Ⅰ　「200字作文」できっちり段落構成　　125

1　段落の機能を理解する　　126
- ◆段落とは、ひとまとまりの話題である　　126
- ◆段落は冒頭がカギ。例示から入らないこと　　127

2　「200字作文」でキリッと締まった段落を作る　　129
- ◆鍛錬された「200字」が、文の説得力を生む　　129
- ◆紹介の第一文はとりわけ重要　　129
- ◆一文で印象が鮮明に　　130
- ◆キーワードの差が印象に直結する　　133
- ◆時系列で語るな、テーマで語れ　　133
- ◆パラシュート降下法で書いていく　　134

3　段落の「最初の一文」のバリエーション　　136
- ◆最初の一文で段落全体を貫く　　136
- ◆最初の一文が良くない例　　136
- ◆最初の一文の2パターン　　138
- ◆冒頭に結論を置くことの効果　　140

コラム　学生はプレゼン上手！？　　　　　　　141

4　書き上げた200字の論理性を検証する　　　142
　◆主観的要素を排除し、話の順序を見直す　　　142
　◆主張は常に裏付けとセットで　　　　　　　　144
　◆「200字単位」を体にたたき込もう　　　　　145
　◆200字トレーニングの副産物　　　　　　　　145

第6章　文章表現の向上Ⅱ　論理的で読みやすく仕上げる20のポイント　147

1　「論理的」と「読みやすい」は一体である　148
　◆難解な文ほど格調が高いのか？　　　　　　　148
　◆論理的とは、理屈っぽいということではない　149

point 1　筋道が立っているかどうか点検する　　　150
point 2　筋道が立っていないときの対策　　　　　151
point 3　文体を「である」調に統一する　　　　　152
point 4　段落冒頭は1字下げ、段落間に空白行を作らない　153
point 5　一つの話題で1段落。段落内は改行しない　154
point 6　口語表現を用いない　　　　　　　　　　155
point 7　長い一文は二つ以上の文に分割する　　　156
　◆「〜ですが」を書く人は要注意　　　　　　　157
point 8　主語と述語を一致させる　　　　　　　　157
point 9　文末をあいまいにせず、できるだけ言い切る　158
point10　レポート・論文にふさわしい述部を使う　159
point11　推測を事実のように記さない　　　　　　160
point12　個人の経験を一般的な事実のように記さない　160
point13　修飾語は被修飾語のなるべく直前に置く　161
point14　句点を正しく使う　　　　　　　　　　　162
point15　読点と中点を適切に使う　　　　　　　　163

◆読点（、）の使い方	163
◆中点（・）の使い方	164
point16 体言止めを使わない	165
コラム　数え方のバリエーション	165
point17 敬語表現や敬称を本文に使わない	166
point18 読み手に問いかけない・話しかけない	166
point19 数字を適切に書く	167
point20 漢字・ひらがなを適切に書き分ける	168
◎日本語の表記、漢字を正しく使う（テスト）	170

第7章　引用・参考文献を正しく取り扱う　175

1　文献などを正しく引用する　176
- ◆引用の二つのルール　176
- ◆直接引用の基本――「　　」で示す　176
- ◆直接引用における表記ルール　177
- ◆長文を直接引用するときの処理　178
- ◆要約して引用する場合（中・上級者向け）　179
- ◆引用の際の注の付け方　179

2　剽窃（盗用）になっていないか検証する　180
- ◆剽窃は何がいけないのか　180
- ◆長大な引用は好ましくない　180

3　参考文献の書き方　181
- ◆書誌情報を書く　181
- ◆参考文献の表記方法　183

4　書き上げたレポート・論文の見直し　185
- ◆最初から最後まで必ず読んでみる　185

◆長々しい経緯説明などはまとめ直す　　　　　　185
◎ケアレスミスを防ぐためのチェックリスト　　　186

5　レポート・論文はどのように評価を受けるのか　　187
◆スタンダードな評価方法――ルーブリック式　　187
　◎論文評価のルーブリック　　　　　　　　　　188
◆剽窃や不備の基準とペナルティ　　　　　　　　192

6　論文に取り組む本当の意味とは　　　　　　　　193
◆毎日、同じ分量が書けるとは限らない　　　　　193
◆書いてよかったと思える論文体験を　　　　　　194

結びに代えて　小さな疑問が世界を変える　　　　　195

巻末付録　　　　　　　　　　　　　　　　　　　　197

論証型レポートサンプル
裁判員に量刑判断をさせることは妥当か　　　　　198
筋道確認作業サンプル　　　　　　　　　　　　　208
要旨サンプル
　①大学生の授業満足度に関する論文　　　　　　210
　②アニメの「聖地巡礼」に関する論文　　　　　212
第6章 解答ページ
　point 6 解答　　　　　　　　　　　　　　　　214
　point 20 解答　　　　　　　　　　　　　　　 216
本書内容検索
　①テーマ別掲載リスト　　　　　　　　　　　　219
　②資料図表一覧　　　　　　　　　　　　　　　219
　③心技体インデックス　　　　　　　　　　　　220

本書の特徴と使い方

誰も教えてくれなかった書き方の基本

レポート・論文を書くときに、最初に読みたい1冊。初めての人も、改めての人も、きちんとした知識を習得できます。

シンプルな選択肢

形式などの選択肢はあまり多く示さず、一つか最小限に絞り込んでいます。迷わず大学レベルの論文をスッキリと書くことができます。

まず「使ってみる」本

章立て順に読まず、知りたい箇所に飛んでも理解できます。（検索方法は右ページ参照）

改めて「読んでみる」本

「使ってみる」ことに行き詰まった場合、どこから手を付けていいか分からない場合……
スタートに問題があります。第1章、第2章をじっくり読むと、問題点が見えてくるでしょう。

「分かりやすい文を書く」ための処方箋

筆者が大学で20年教える「200字作文」を例文比較で解説。「200字」を意識するだけで各段落の論旨がはっきりします。自己紹介、面接などにも応用可能なスキルです。

検索方法

① 目次から探す

② 右の6つのインデックスで知りたい情報を開いていく

③ 巻末の検索機能を利用する

　①テーマ別掲載リスト

　本書で取り扱うテーマごとのリスト。たとえば、「裁判員裁判」のテーマだけを拾って読むことができます。

　②資料図表一覧

　目次に載っていない図表・資料などのリストです。

　③心技体インデックス

　心・テクニック・体裁の3分類による、ヒント探しのインデックスです。ご自分の状態やニーズに当てはまる、「気になる」項目を拾い読みすることができます。

利用上の注意

◆本書の「見せ方」「書き方」は、レポート・論文の記述ルールとは異なっています。
　・意図的に改行をかなり多くしています。
　・レポート・論文では、図のタイトルは図の下、表のタイトルは表の上に置く決まりですが、本書においては図・表ともに、タイトルを常に上に表示しています。
◆執筆に際し参考にした文献の情報は、当該ページか右側のページの下部に脚注として表示しています。
◆本書の記載情報は、すべて2019年（令和元年）9月現在の情報です。

Staffs

Director   Yuko Tamaki
Layout   Takaaki Ikeda (Office iketch)
Editorial Supporter Akiko Shigetsu

第1章
レポート・論文の基本知識

レポート・論文を書くことの目的と意義、
基本的な考え方をまず理解しましょう。

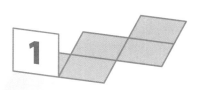

1 論文はこのように組み立てる

　レポート・論文とは、あるテーマについて問いを立て、調べて自分の考えをまとめ、問いに答えるものです。その作成には、5ステップあります。分かりやすくするため、立方体を組み立てる図を使って説明します。

1 テーマを決める

テーマは、底面です。

テーマは、レポートでは通常与えられます。論文では、自分で見つけます。「○○について」という漠然としたものでも十分です。

2 問いを立てる

問いがレポート・論文の成否を決めます。

まずは「仮の問い」を立てます。図の垂直に立つ面が、問いです。調べた後で、問いを絞り込む、または大きく変更することはよくあります。執筆途中で問いを変えてもかまいません。

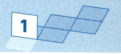

3 調べる

問いの内容を詳しく**調査**します。
調べた結果、レポート・論文の考察に合うように、問いを見直します。

4 組み立てる

問いに答えていく筋道が立てば、立方体の壁面が完成です。大きさが決まった上面は、結論部分で、ふたをして立方体の完成です。

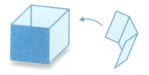

5 書く

立方体を組み立てていく過程を忠実に**記述**していきます。

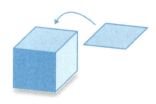

2 小論文・レポート・論文の違いを知ろう

　小論文・レポート・論文の形式の違いをまず確認しておきましょう。

①小論文

　小論文とは、設問に対して、意見とその理由を述べるものです。入学試験や選考試験でよく出題されます。

例

> 課題文を読み、内容を400字以内で要約せよ。競技スポーツは「勝つことがすべて」という筆者の主張について、あなたはどのように考えるか。600字以内で論述せよ。

　この例では、論述部分で**意見と理由をきちんと説明する**必要があります。まず、賛成／反対／一部賛成／一部反対の立場をはっきりさせてから、意見と理由を述べます。この場合は、賛成でも反対でも考えた通りに書くことができます。大切なのは、自分の意見をどう組み立てるかです。

　ここでは400字の要約は省略し、600字の論述解答例だけを示します。筆者は「反対」の立場をまず示し、その理由（根拠）を3点挙げています。立場と根拠の導入部分に青い下線を付しています。

> **例**
>
> 　私は、競技スポーツは「勝つことがすべて」という筆者の主張に反対である。その理由は3点ある。
> 　まず、競技スポーツにとって「勝つこと」は目的の一つにすぎない。確かに、勝利のために練習を積み、勝つための戦術もある。スポーツでは「心技体」と言われるように、精神面、技術、身体能力を勝てるレベルに上げなければ、勝利はできない。この練習の過程は、スポーツの本質的な部分である。
> 　次に、競技スポーツを行う者が守るべき態度として、スポーツマンシップが挙げられる。競技に参加する者は、ルールを尊重し、相手に対する思いやりや敬意を払う態度がなければならない。ラグビーの試合終了を「ノーサイド」と言うのは、敵・味方の区別をなくし、同じ仲間になることを意味する。このスポーツマンシップの精神こそ、スポーツが勝敗だけではないことを端的に表している。
> 　近年の行き過ぎた勝利至上主義が問題なのは、勝利に至る過程やスポーツマンシップを軽視しているためである。勝てない選手に対するコーチの暴言や暴行、反則すれすれのプレー、サッカーで審判の目を欺き、わざと転ぶ「シミュレーション」がいい例である。
> 　最後に、団体スポーツであれば、チームの一員として競技に取り組む難しさや勝利を仲間と分かち合う喜びは、勝敗を超えたものであり、スポーツの素晴らしさそのものと言えよう。
> 　以上の3点から、私は競技スポーツは「勝つことがすべてではない」と考える。

小論文には、こうした例以外に、課題文の読解を求めるものや、現象を理科（物理・化学・生物）の知識で説明させるものもあります。いずれの場合でも、小論文はレポート・論文と違って、あらかじめ課題文や問題が与えられています。

②レポート

　レポートとは、報告、または調べたことをまとめたものです。小学校の夏休みの自由研究はレポートにあたります。日本政府が発表する白書や青書もレポートの一種です。

　大学のレポートでは、設定される論題は、ほぼ例外なく授業内容に沿ったものです。先の例をレポートの論題にすると、次のようになります。

> **例**
> 日本の競技スポーツにおける「勝利至上主義」の問題点を、実例を挙げて説明しなさい。それらを踏まえて、有効な改善策を提案しなさい。

　レポートを作成する場合、小論文と違って、いきなり書き始めることはできません。授業内容を見直したり、事例を集めたりする作業が必要です。今は、インターネットで簡単に事例を集めることも可能です。自分自身に競技スポーツの経験があれば、その経験も活かせます。監督やコーチと会って、意見を聞くことも十分役立ちます。

　このように、レポートの良し悪しは、いい文章を書くことではなく、**どれだけ必要な情報やデータを集められるかという準備**にかかっています。締切直前になって、あわてて調べ

て書いてしまうと、たいてい質の悪いレポートになってしまいます。

③論文

　論文は、**問題提起**をし、先行研究の成果を踏まえて**問題解決**を示すものです。レポートでは、たいてい論題が与えられますが、論文では自分で考えなければなりません。

　競技スポーツのテーマでは、たとえば次のような**問題提起**が考えられます。

> **例**
>
> 日本の競技スポーツにおける指導者育成について
> ──国家資格創設とその要件

　論文の価値は、**新しい発見**にあります。「自分に新しい発見ができるだろうか」と不安がる必要はありません。上の例では、「日本代表チームの指導者は、メダリストなど競技実績を残した人が多い」「指導者の指示は絶対」「指導者の経験を基に指導が行われ、非科学的な練習もある」といった問題点が考えられます。こうした問題の**解決策**は、十分に新しい発見になります。

　もっと身近な問題の例として、**次ページ**に「食品ロス問題」の問題提起から問題解決までの思考プロセスを図解にしました。これなら自分にもできそうだと思えるはずです。

レポート・論文の思考プロセス

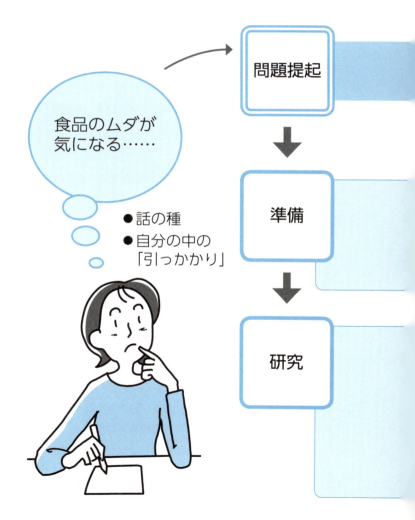

問いを立てる

例 食品ロスを減らすには？

問題解決

①問いの中の用語は必ず定義付けする
「食品ロスとは、食べられる食品が捨てられてしまうことを指す」
②論点を見つける
「食品ロスの50％が一般家庭から出ている」

意外！　なぜだろう？

論を展開する

現場を見る　　ヒアリング
資料・データ探し　　　　他

○今、廃棄減のための対策は取られているのか？
○取られているなら、それは奏効しているのか？
○データではどうなっている？
○捨てずに生かす仕組みはあるのか？　etc...

解決するには？

3 レポート・論文は研究の「入り口」

◆ 単位のため、卒論のため……？

何のためにレポート・論文を書くのでしょうか。学生に尋ねると、おそらく「単位を取るため」「卒論（卒業論文）を書かなければいけないから」という答えが多く返ってくるでしょう。確かに単位や卒論は大切ですが、レポート・論文にはもっと重要な役割があります。

◆ 問題を見極める力を付けるため

そもそも、大学はなぜレポートや論文を学生に課すのでしょうか。

大学のレポート課題の多くが、研究の入り口となる問題を扱っています。世の中には、実に多くの問題があります。たとえば、2015 年の統計によれば、日本でも 17 歳以下の子どもの 7 人に 1 人が貧困（相対的貧困[1]）状態にあります。また、警察庁によると、2016 年に 320 名の小中高生が自殺で亡くなっています。この中には、いじめが原因とされるものが含まれています。「子ども」に焦点を当てるだけで、貧困、自殺、いじめといった社会問題が浮上してきます。

社会問題でなくてもかまいません。たとえばビジネスの世界で言えば、経営者は常に問題と向き合い決断を下さなければなりません。原価の変動、人件費、工場をどこにするか、新商品の開発といった問題です。

よく分かっていない問題もたくさんあります。地球外に生

命体は存在するのか。人の感情はどこで生まれているのか。がんや認知症を治すにはどうすればよいのか。二酸化炭素（CO2）を発生させず、しかも低コストで水素を生産するにはどうすればよいのか ……。

　レポート・論文の筆者が「どう問題を捉えたか」は、とても重要です。普段私たちは、多少疑問を感じても、問題とは思わずに生活をしています。しかし、「自分が疑問に感じたこと」を出発点にすると、意味のある考察になることがあります。これに対し、専門家の意見を要約しただけのレポートでは、筆者の問題意識が浮かび上がってきません。

◆ 自分の考えを客観的に他人に伝えるため

　レポートに書いてまとめるためには、自分の意見とその根拠を明確にする必要があります。考えを整理して順序立てて書くのは、やってみると意外に難しいものです。

　レポートや論文は、**自分の考えを客観的な資料を基に、他人に伝える**ためのものです。ぜひ本書を読んで、こうした技術を習得してください。

---

[1]　相対的貧困とは、手取り収入にあたる可処分所得を世帯人数の平方根で割った「等価可処分所得」の中央値の半分に満たない状態を指す。

4 レポート・論文に必要なのは「攻めの姿勢」

　レポート・論文を通して問題に向き合う際の姿勢は、どちらかというと「攻め」です。そのポイントは二つです。

◆ ポイント1　問題の本質をつかむ

　最も大切なのは、問題の本質をつかむ能力です。通常、問題はさまざまな要素が複雑に絡み合っています。それは研究に限らず、実際の社会でも同じです。「問題は何か」は容易に分かっても、解決にはその奥にある「問題の本質」の認識が不可欠です。

　たとえば、業界トップのメーカーが市場に投入した新商品の売れ行きが悪いケースを考えてみましょう。

　問題は「販売不振」ですが、その本質は「どうすれば売れるのか」ではありません。「商品に魅力がないのか」「価格なのか」「広告宣伝に問題があるのか」「他社製品がすぐれているのか」などの中に、問題の本質は隠れています。これを把握して初めて、有効な対応策を立てられます**[右図参照]**。もし、「消費者の関心が別の分野に移りつつある」という外部要因であれば、売り上げを伸ばすことにエネルギーを費やすのは無駄になります。

　経験を積んだプロと呼ばれる人たちは、問題の本質を察知してすぐに修正できる高い能力を持っています。研究においても、ある程度経験を積むことは必要です。経験を積めば、ミスや失敗を犯す確率は下がります。

　しかし、経験ばかりに頼ると思わぬ落とし穴があります。

問題とその本質を見抜く──販売不振の例

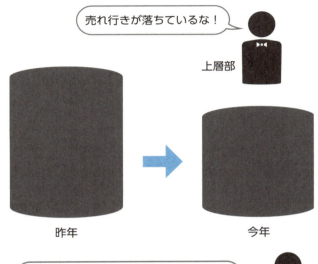

◆ ポイント2　常識や通説を疑って批判的に考える

　もう一つ大切になってくるのが、**「常識を捨てる」**あるいは**「通説を疑う」**姿勢です。

　これは経験を積んだベテランや成功した企業ほど難しく、「成功体験のパラドックス」に陥ります。成功体験やいわゆる「業界の常識」にとらわれて、抜け出せなくなる状態のことです。

　その意味では、経験や知識が豊富な教員よりも、むしろそれらが少ない学生の方が柔軟な発想ができると言えるでしょう。

　生きていく上で、常識や経験は大切です。しかし、それらが常に正しいとは限りません。科学の歴史を見れば、常識や通説がひっくり返された例は数多くあります。問題の本質を見極める際に、一度常識を捨て、通説を疑ってみることが、誰も思いつかなかった突破口（ブレイクスルー）を発見するきっかけになるかもしれません。

　2018年にノーベル医学生理学賞を受賞した本庶 佑京大特別教授は、記者会見で自分の研究姿勢を「簡単にものごとを信じない」と評しました。「専門誌のネイチャーやサイエンスに出ているものは9割はうそだと思うことにしている。論文に書いてあることを信じず、自分の頭で考え、納得できるまで研究する」と述べています。

　「一番重要なのは『何かを知りたい』『不思議だな』という心を大切にすること。それから、教科書に書いてあることを信じないことです[2]」

　研究者だけでなく、問題を解決したい人すべてが胸に刻んでおきたい姿勢です。

レポート・論文を書く初心者が陥ってしまう傾向として、
・資料の必要な部分だけつなぎ合わせ、末尾に自分の意見を添えればよい **(寄せ集め)**
・自分は専門家ではない。専門家の言うことの方が確かだろう **(専門家崇拝)**
・論文はレポートより長くしなければならない。とにかく長くしなければ **(字数病)**
などがあります。

　これらがいずれも的外れな思い込みであることや、論文に必要な攻めの姿勢の対極にあるということを、本書を通じて理解してほしいと思います。

---

[2] 読売新聞 (2018). がんと対決　命救う：本庶さんノーベル賞　患者の感謝「何よりうれしい」. 10月2日, 東京朝刊, p. 31.

5 レポート・論文の二つの型

◆「報告型」と「論証型」がある

　レポートには、大きく分けて**報告型**と**論証型**の2種類があります[3]。論文は、論証型が基本です。

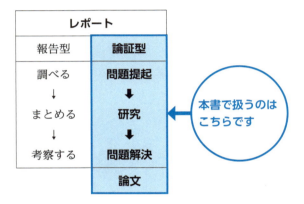

　報告型とは次の3タイプです。

①授業に関連する事項を調べてまとめるもの
②本や論文の要旨をまとめて報告するもの
③実験や調査の方法・結果をまとめ、考察するもの

報告型は次の3例のように、通常は専門用語を含んでいます。

> **例**
>
> ①授業に関連する事項を調べてまとめるもの
>
> 「食品ロス」とは何か。日本の現状について、調べてまとめなさい。

> **例**
>
> ②本や論文の要旨をまとめて報告するもの
>
> 教育における「パフォーマンス評価」について、書籍（雑誌、論文は除く）を1冊選び、まとめなさい。それに対するあなたの意見も書きなさい。最後に、参照した書籍の「書誌情報」［181ページ参照］も書くこと。

> **例**
>
> ③実験や調査の方法・結果をまとめ、考察するもの
>
> ボルタ電池、光電池、燃料電池の実験について、❶目的、❷原理と概要、❸実験方法、❹実験結果、❺考察、❻まとめ、❼参考文献の順でまとめなさい。

---

[3] レポートを四つの型で考える研究者もいます。井下千以子(2019). 思考を鍛えるレポート・論文作成法. 第3版, 慶應義塾大学出版会, p.40 参照。

◆ 本書で扱う「論証型」とは

論証型のレポートでは、**問題提起**をして、**研究**（調査、実験、考察）を行い、**問題解決**に至ります。このタイプのレポートは、自分で問題提起をする必要があるため、報告タイプのものより格段に難しくなります。

> 例
>
> 日本の裁判員制度の問題点を一つ挙げ、資料2点以上から引用しながら、あなたの考えをまとめなさい。

◎裁判員制度は、国民の裁判への参加を目的に 2009 年から始まりました。有権者から無作為に選ばれた人に通知が行き、その中から裁判員と予備の補充裁判員が選ばれます。裁判員は裁判官と話し合って、刑事被告人の有罪・無罪、刑を決めます。

上の◎に記したような基礎知識を踏まえた上で、制度や現状などの問題点を見つけ、提起し、その解決策を提案することになります。

本書では、レポートとは論証型のものを言います。それでは、レポート・論文をどのように作成すればよいのかを見ていくことにしましょう。

第2章
レポート・論文の準備Ⅰ
心構えから資料収集まで

準備の前半戦です。
出された課題を正しく理解し、必要な資料を集めます。

1 手を付ける前の「心構え」

レポート・論文の基本構成

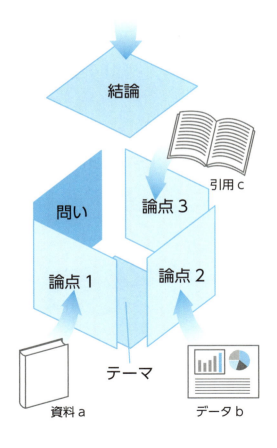

◆ いきなり書かない

　よく分かっている課題でも、いきなり書き始めないことです。レポート・論文とは、下の囲みのように、資料の必要な箇所をまとめて自分の考えを付け加えただけのものではありません。

　左に示した通り、骨格は、問いとそれを支える側面の部分です。問題となるポイント（論点）ごとに、資料やデータを示しながら自分の主張の箱を組み立てていきます。

※レポートの誤った構成
　資料の要約・引用＋自分の意見≠レポートの完成

◆ 資料は十二分に集める

　ある程度集まった資料・データを基に、あとは自分の意見をたくさん書けばよいかというと、それも違います。レポートの良しあしは、執筆よりも準備段階でほぼ決まります。根拠となる資料が不十分だと、どうしても説得力に欠けるレポートになってしまいます。不十分な資料を執筆でカバーすることはできません。

◆ 時間をかける（論文タイムを意識して作る）

　論証型レポートの準備には、最低でも数日かけましょう。資料を調べ、読んで、テーマや論点を絞り込むのに、1日ではかなり無理があります。レポートを締め切り前日から始めたり、半日で書いたりすると、テーマの概要説明と感想を書いただけの内容になってしまいます。

私の経験では、早めに準備を始める学生とギリギリになって始める学生に、大きく分かれます。早めに始める学生は、課題が出ると図書館に行き、関連資料を複数借ります。関連する論文も読み、複数日で書き上げて期限前に提出します。

　他方、「レポート課題をしなければ」と思いながら、期限ギリギリまで放置する学生の場合は大変です。間際にあわてて図書館に行っても、関連図書は貸出中。借りられたとしても読む時間が足りず、結局ネットの情報に頼って書いてしまいます。大量に写すと、盗作である剽窃（ひょうせつ）[180ページ参照]になってしまいます。

　ギリギリにならないとやらないタイプの自覚がある人は、

> ①本来の締め切り日より早い期日を自分で設定する
> ②課題が出されたその日に、図書館で関連する本を借りるようにする

の2点を習慣づけ、十分な時間で完成させましょう。

　論文の場合は、通常は半年から1年かけます。一例として、卒業論文のスケジュール例を紹介します。

◆ 卒業論文の進行目安

　右ページの表をご覧ください。大学4年の1月から2月上旬に提出するためには、遅くとも9月にはテーマが明確になっていて、10月には執筆を始めている必要があります。

　テーマの選定、スケジュールについては、指導を受ける教員に事前に相談してください。

■**卒業論文完成までの流れ（例）**

前年の秋〜冬	テーマについて、下調べをして決めておく
4月	仮テーマを提出する
〜9月までに	資料やデータを揃え、資料を読み込む
9月	テーマと**問い**を最終決定する
10月頃	中間発表 （**問題提起**と**論点**を明確にする）
10月〜12月	執筆 教員による論文指導 （10月〜11月で8割完成を目指す）
1月〜2月上旬	論文提出 卒論発表

◆執筆中の情勢変化、どこまで反映する？

　時事問題や世界情勢、あるいは新技術や新素材などをテーマに扱う場合は、論文を書いている途中に情勢が大きく変化したり、新たな技術が発表されることが、よくあります。

　その場合は、大学生・院生ならまず指導教員に相談しましょう。論文は、情報が最新なことも重要ですが、それ以前の資料であっても、むしろ分析や考え方が見られるという側面がありますので、急な展開にもあわてないようにします。

◆提出期限が迫っている人は……

　中には、レポート・論文の期日ギリギリに本書を手に取っ

ている人もいることでしょう。そういう人にこそ本書を活用してもらいたいと思います。限られた時間でも効率的に進められるよう、スリム化した内容にしています。

テーマが決まったら、真剣に「問い」を考えてください。「問い」はレポート・論文の価値を大きく左右することは、**第3章**で詳しく述べます。資料も十二分に集めます。集めた資料の情報は読む段階できちんとメモしておきましょう。資料の探し方、管理の仕方については**本章**でこの後述べます。

書くのは本論からです。本論部分が完成すれば、序論と結論の部分もおのずから完成します。

立てる問いがグラグラしていると論文の箱は崩れます。時間が限られているときこそ「急がば回れ」で、問いと向き合う時間を十分に取ってください。

よくある誤った手順とペース配分

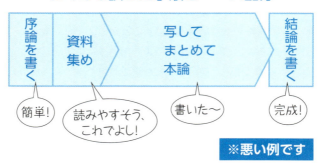

2 課題の内容を最初に理解する

◆ その課題が何を求めているか確認する

レポート課題が出たら、まず**課題の内容、書式、提出期限**を確認します。次の課題を一緒に考えてみましょう。

> 課題：日本の裁判員制度の問題点を一つ挙げ、<u>資料2点以上から引用しながら</u>、あなたの考えをまとめなさい。
>
> 書式：A4 横書き 本文3,000字以上4,000字程度で、PCで作成する。
> ① 表紙を付ける
> ② 引用箇所には、必ず注を付ける
> ③ 最後に参考文献を書く
>
> 提出期限：12月18日（金）17時
>
> 提出方法：academic_report2019@****.com ヘファイル添付で送信

課題は「裁判員制度の問題点」です。求められているのは、「あなたの考え」をまとめることです。

注意してほしいのは、「資料2点以上から引用しながら」の部分です。よくある間違いのレポートが、裁判員制度の問

題点を述べた資料を 2 点選び、その要約に自分の考えを少々付け加えておしまいというものです。

　先行研究やその資料を「主」と考えるのは、正しい考え方ではありません。課題について調べてみて、少しでもおかしいと思った部分は、しっかり調べてみましょう。そうすることで、あなた自身の問いが立てられます。**問いに沿って、資料を集めていく**のが本来のやり方です。

◆ キーワードを正確に定義しておく

　「裁判員制度の問題点」を調べる前に、課題のキーワードについて調べて、自分で定義しておきます。「裁判員制度って、何？」と聞かれて説明できない人が、問題点を述べるというのもおかしな話です。

　「どのような目的で」「いつから始まったのか」といった背景も調べておきましょう。講義のレポートであれば、講義内容からまとめることもできます。

■定義メモの例

> 　裁判員裁判とは[4]
> 刑事裁判に国民が裁判官と協働し、裁判内容の決定に国民の社会常識を反映させることを目的に作られた制度である。2001 年に提言され、2004 年 5 月に法案成立、2009 年 5 月から施行された。
> 毎年、衆議院議員の選挙権を有する者から無作為に裁判員候補者を選ぶ。候補者名簿から、事件ごとに裁判員が無作為に選ばれる。所定の理由があれば裁判員を辞退できる。

対象となる事件は、
(1) 死刑又は無期の懲役・禁錮に当たる罪に関する事件
(2) 法定合議事件であって故意の犯罪行為により被害者を死亡させた罪に関するもの

第1審で、原則裁判員6名と裁判官3名の合議体で裁判を行う。有罪・無罪の判断と量刑も行う。評議内容については守秘義務がある。

2015年6月に「長期裁判」を対象から除外できるなどの改正法が成立。2019年1月から見直しが始まっている。

◆ 分からない用語は調べてメモする

たとえば上記文中の「法定合議事件」のように、内容が分からない用語があれば、さらに調べてメモ書きしておきます。

■用語メモの例

法定合議事件とは、裁判官3人で取り扱わなければならない事件。死刑又は無期若しくは短期1年以上の懲役若しくは禁錮にあたる罪。ただし、強盗罪等を除く。(裁判所法26条2項2号および3項)

重い罪にあたる事件は、裁判官3人が担当するというものです。法律用語の定義なので、一字一句略さずにメモします。

---

[4] これは2019年4月時点での定義です。

3 レポート・論文のテーマの見つけ方

◆ 出発点はあなたの中の「引っかかり」

　テーマは、実はあなた自身の中にあります。「何かおかしい」「どうしてなんだろう？」と疑問に感じる**引っかかり**の中に、レポート・論文の種があります。

　たとえば、「野犬をほとんど見ないのに、なぜ日本で年間8,300頭（2018年度）もの犬が殺処分されているのか」と思うのが種です。「どうして渋谷のスクランブル交差点に人が集まるようになったのか」というのも、立派な種です。

　身近なことに興味や疑問の種を持ちましょう。私のゼミでは、論文のテーマは自由に選べることになっており、たとえば、次のようなものが出てきます。

・日本人の余暇の過ごし方の変化
・アニメーターの賃金問題
・電子書籍はなぜ伸びないのか
・シェアエコノミー（シェア経済）について
・子どもの貧困をなくすには

　自分の身の回りのことに「疑問を持つこと」は、とても大切です。どんな疑問も**ダイヤの原石**です。「そんなの、答えが分かるわけない」「それは無理」と最初から決めつけず、

疑問についてまずは実際に調べてから、**自分の問いを削り出す**ことです。

◆ 身近な事件が大きなテーマの糸口に

自分の疑問や関心が出発点であると、これまで述べてきました。

安楽死を卒論テーマにした学生がいました。きっかけは身近で起きた事件です。医師が、ほぼ脳死状態の患者に対し、家族の同意を得て呼吸器を外したところ、患者が苦しんだため、鎮痛剤を注射し、安楽死させました。殺人罪で起訴された医師は、最高裁でも有罪となり、刑が確定しました。

学生は、軽い気持ちで調べ始めましたが、オランダなどで認められている安楽死や尊厳死がなぜ日本で認められないのかという疑問にぶつかります。ついには、その医師に直接会って話が聞きたいと思うようになりました。実際にインタビューを行い、医師の心情の変化を論文で再現し、安楽死・尊厳死について深く考えることになりました。

読んだ私も考えさせられました。このように、身近で起きたことをきっかけに疑問を追求していくことで、意味のある考察が生まれます。

◆なじみ深いテーマを斬新な切り口で

印象に残った論文はまだあります。

オタクが男性中心だった時代に、女性のオタクの支出額を地道に調査して、支出額が増加傾向にあることを示した論文がありました。その後、女性ファンの支出が増えていき、論文が示した通りの結果になり、私は驚きました。

「小学生の体力低下」を扱った論文では、「なぜ学校で体育をする必要があるのか」という問いから出発しました。資料やデータを示しながら、学校での体育授業や部活動は、人が生きていく上で必要だという結論になりました。

　学生の関心は「今起きていること」と「近未来(これから)どうなるか」の2点に集約されます。派遣切りが問題になれば、「なぜ派遣切りが起きるのか」というテーマが出ます。同様に、待機児童、子どもの貧困、震災復興、人口減少社会、ソーシャルゲーム、SNSによるいじめなど、彼らが選ぶテーマには社会の動きがそのまま映し出されます。また、「サッカー日本代表チームの課題」「ラグビーW杯に向けて日本代表が取り組むべきこと」といったテーマも関心が高く、毎年のように出ます。

　私自身を振り返っても、大学生時代、自分の生まれる以前のことを考えることはなかったように思います。現在、私のゼミでは「近未来予測」は、論文のテーマに原則できないことになっていますが、その理由については**78ページ**で触れています。

◆ メモが脳の負荷を減らす

　思いついた種は、メモにして書き出します。手書きメモが簡単ですが、付箋、ワープロ、スマホアプリを使ってもかまいません。

　メモは、脳の外付けメモリー(外部記憶装置)です。関連することを書き出すことで、自分が考えていることの一覧が見えます。メモが効果的なのは、脳が複数のことを同時に考えることが苦手なためです。たとえると「買い物メモ」と同

じです。メモを書いておけば、買う物が分かり、記憶に頼って買い忘れをすることもありません。

　裁判員裁判について、思いつくことを書き出してみたのが下図です。必ずしも図示する必要はなく、箇条書きであっても、とにかく書き出すことが重要です。何も思いつかないなら、まだ知識が不足しています。メモがある程度埋まってきたら、これを元に調査を始めます。

■メモの例① 　裁判員制度の問題点として思いついたこと

　もう一つメモの例を見てみましょう。①のメモと比べると記載がまばら、具体性を欠いています。

■メモの例②　テーマが名称のみの「広がらない」メモ

　問いのほとんどが「〜とは何か？」に留まり、問題点が見えていません。裁判員制度に関する**知識がまだ足りない**ため、それに関する本や新聞記事をできるだけ多く読んで状況を把握します。そもそも中心に裁判員制度というワードを置いたためこうなっています。
　知識が増えればメモはどんどん広がり、入る言葉も具体化し、徐々に問題点が浮かび上がってきます。

4 問題を見つけよう
（調査の開始）

◆ 状況と問題点の把握に努める

　調査には、現地調査やアンケート調査など自ら行う調査と資料検索を行って資料（図書、記事、論文など）・データの収集があります。

　レポートの調査は、まず全体像を把握するために次の二つの観点から行います。

① 現在の状況はどうなっているのか
② 何が問題なのか

　調査で大切なのは、問題の答えを見つけることではなく、状況をつかみ、問題を発見することです。

　全体像をつかむ前に、いきなり専門書を読むのは避けるべきです。それらの代わりに入門書や新書を読みます。時事問題であれば、新聞・雑誌記事を読むと状況や経緯を詳しく知ることができます。そのような入門的な情報にふれる手段がない場合に、先行論文を読むようにします。

　専門家が書いたものは、情報量が多く論理的に組み立てられているため、どうしても影響を受けます。専門家の書いた情報を「正解」にしてしまうと、人の考えの受け売りになってしまい、自分で考えないレポート作りになるおそれがあります。

**5 調査する①
「現場」を自分の肌で感じる**

◆ レポートは足で書け

　レポートや論文の指導で、私は学生に「現場を見ていないのなら、見に行くように。担当者に話を伺うことができるなら、会ってくるように」とよく言います。

　担当者とはキーパーソンのことで、企画やプロジェクトの中心で決定している人です。キーパーソンは、現場を知り尽くしているだけでなく、最新の情報も持っています。

　現場とは、問題が起きている場所とそれに関わる人です。たとえば、コンビニやスーパーでは、店舗と顧客が現場です。生産現場では、工場や農地、漁場とそこで働く人です。事件・事故で現場検証が行われるように、現場には問題の原因や解決の糸口につながる情報が隠れています。「現場を目で見る」「現場の声を聞く」ことは大きな糧です。

　大学のレポートにも、教育実習やインターンシップ（企業での就業体験）を報告するものやアンケート調査を行うものがありますが、通常のレポートでは、現場を調査することはほとんどありません。

◆ 知る人ぞ知る映画祭の「現場」に

　「田辺・弁慶映画祭」を論文のテーマに選んだ学生がいました。和歌山県田辺市で毎年行われている小さな映画祭で、低予算ながら新人映画監督の発掘で有名です。参考となる書籍や論文はなく、新聞記事も1件のみ（2018年当時）でし

た。学生は現地に行き、担当者から話を伺ってきました。こうして映画祭の詳細を把握することができ、論文にまとめることができました。この論文の序論と結論を、**第4章**にサンプルとして掲載しています。

　全ての現場を見ることはできません。キーパーソンに会うのは、さらに容易ではありません。それでも、現場から問題解決を考えていくやり方は知っておいてほしいと思います。

◆ 現場に慣れると問題が見えない

　現場は、長くいる人にとっては、見慣れた日常であり、当たり前の世界です。一体何が問題なのか、当事者には分からず、むしろ外から見た方が問題がはっきり分かる場合があります。

　たとえば多くの企業では、外部の視点で企業経営をチェックする社外取締役を選任しています。また、企業や教育機関などの不祥事時に第三者委員会が設置されるのも、外部の視点から公正に検証するためです。

　レポート・論文を書くみなさんは、外部の視点で問題を眺めることになるので、より問題の本質をつかみやすいと思います。

調査のアクティビティ

6 調査する②　インターネットで検索する

◆ 検索の利便性は日々進化している

インターネット検索サイトのヤフー・ジャパンやグーグル、百科事典のウィキペディアで検索すると、短時間で関連する情報が得られます。ヤフー・ジャパンは、2010年7月に検索エンジンを「グーグル製に切り替える[5]」と発表しました。現在はどちらも同じ検索エンジンを使っていますが、それぞれのアルゴリズム（結果の順位を決める手順）が違うため、検索結果は異なります。

グーグルは、2015年から人工知能（AI）を使った新しい検索エンジンを導入しています。膨大な検索クエリ（要求）から検索者の欲しい情報を学習しています。その結果、自然言語（人がふだん使う言葉）によるあいまい検索（例：あのCMの絶景はどこ？）や未知の検索語であっても、学習したパターンに照らして検索結果を表示してくれます。

◆ 国や自治体、企業IRの情報は信頼できる

たとえば国の政策について詳しい情報を知りたいときも、インターネット検索が有効です。企業のIR情報（投資家向け情報提供 Investor Relations）についても同様です。

---

[5] 日本経済新聞 (2010). グーグル、実質シェア9割：検索で日本のヤフーと提携、情報制約の恐れも. 7月28日, 朝刊, p. 3.

■国と地方公共団体の主なリンク先

立法	**衆議院**（本会議・委員会、立法などの情報） http://www.shugiin.go.jp/internet/index.nsf/html/index.htm **衆議院審議中継**（過去の映像も） http://www.shugiintv.go.jp/jp/index.php **参議院**（議会情報、参議院の動きなど） http://www.sangiin.go.jp/ **参議院審議中継**（過去の映像も） http://www.webtv.sangiin.go.jp/webtv/index.php
行政	**官公庁サイト一覧**（府省庁サイトへ） https://www.gov-online.go.jp/topics/link/index.html 各府省庁の審議会等情報に、議事要旨・議事録・配布資料や諮問・答申があり、政策に関して有益な情報が得られる。
司法	**裁判所**（公表資料、裁判例情報、司法統計など） http://www.courts.go.jp/
地方公共団体	一例） **東京都ホームページ** http://www.metro.tokyo.jp/ トップページにあるアイコン「情報公開ポータル」がレポート・論文に便利でしょう。 東京 23 区（特別区）の各区には、**特別区長会**のトップページからアクセスすると便利です。 http://www.tokyo23city-kuchokai.jp/ **大阪府ホームページ** http://www.pref.osaka.lg.jp/ 情報公開関係のバナーは右側に集まっています。

（2019 年 9 月現在）

本書の解説の素材としている裁判員制度については、裁判所のホームページ内に最高裁判所が作成した「裁判員制度」のページがあり、法務省のホームページにも裁判員制度に関するページがあることが検索によって得られます。

　上場企業のIR情報には、「企業名　ir」で検索するとアクセスできます。

◆ インターネットの情報に依存しない

　インターネットの検索結果だけを利用してレポートをまとめるのは、現時点ではお勧めできません。

　その理由として、まず情報源が限られることが挙げられます。インターネットでは書籍・雑誌の本文は閲覧できず、新聞記事や論文もごく一部しか表示されません。そのため、限られた情報源を基に議論を進めることになります。

　次に情報の信頼性の問題があります。2016年12月、国内の企業が提供するキュレーション（まとめ）サイトが次々と閉鎖されるという事態がありました。著作権侵害にあたる記事や画像の盗用（コピペ）、事実と異なる内容が多数見つかり、サイトの信用性が失われてしまったためです。このほかに、インターネットには、偽情報（フェイクニュース）、暴力・憎悪・差別を助長するサイトや書き込みが数多く存在します。

　信頼できる情報とは、個人の主観や憶測を排除した客観的な情報です。レポート・論文を読んだ人が、あとから根拠を検証できることも信頼性の要件です。ブログ記事やツイッターの書き込みは書き手の主観や憶測が含まれており、例示はできても、多くは根拠には使えません。

◆ ウィキペディアは要注意。その理由とは？

ウィキペディアからの引用にも注意が必要です。

ウィキペディア日本語版によると、記事の査読（専門家による審査）制度がなく、「問題ある記述はコミュニティーの自己管理により解決されることに委ねられて」いるため、「ウィキペディアからの引用を学術関連のレポートに載せることは、そのレポートの信憑性そのものに疑問を持たせる[6]」とあります。さらに、「大学機関のいくつかは学生たちにレポート課題においてウィキペディアを引用することを禁止している[7]」とあります。つまり、引用には適していません。

コラム　情報の目利きになる

私たちはデータの世紀に生きています。ビッグデータ、身の回りの物がインターネットに繋がる IoT（Internet of Things）により、データが価値を生む時代です。膨大なデータを解析するのが、人工知能（AI）です。

スマホやタブレットや PC で、簡単に情報が集められます。便利になった一方、レポートを書く際に、情報が多すぎてどれを選んだらいいのか困るくらいです。

そこで必要なのが、情報を選別する能力です。広範囲に情報を集め、必要な情報だけを選んで現場に活かす力です。こうした能力を「メディア情報リテラシー」と呼びます。リテラシー（literacy）とは、元は「読み書き」能力のことでしたが、情報の価値判断を含む力になりました。つまり情報の目利きになることが求められているのです。

---

[6] https://ja.wikipedia.org/wiki/ウィキペディア#記事の信頼性（2019年3月15日アクセス）
[7] 同上

7 調査する③
図書館で文献などを探す

◆ 大学図書館を使いこなそう

　本書の対象は大学生だけではありませんが、あえて筆頭に大学図書館を推します。それは、近年の大学図書館はかなり門戸を開いているためです。卒業生の利用はもちろんのこと、地域協定などによる地元の在住在勤者の利用、一般への条件付き部分開放（貸し出しは不可だが閲覧は可能）などがかなりの大学で認められています。大学図書館の利便性は非常に高いため、現在学生でない方でも、利用の方途をぜひ模索してみてください。

　大学図書館によっては、有料のデータベースでも利用者には無償で提供しています。データベースには、右表のようなものがあります。ただし、大学の学問領域によってデータベースの内容が異なるため、注意が必要です。

　大学図書館の中には、図書や論文・雑誌記事を一括して検索する統合検索サービスを提供しているところもあります。

◆ OPAC で検索して書架へ行く　　　基本

　OPAC（オパック／オーパック Online Public Access Catalog）とは、「オンライン蔵書目録」で、図書館が所蔵する書籍や雑誌などを検索するシステムです。

　「裁判員裁判」で検索すると、新書のほか多くの書籍が検索結果に表示されます。日本十進法分類（NDC）による請求番号では、326（刑法・刑事法）と327（司法・訴訟手続

法）に資料があります。請求番号の書架に行き、実際に本を手に取ってみます。

■大学図書館が提供するデータベースの例

検索対象	データベース名称（検索範囲）
用 語	ジャパンナレッジ Lib＊（国内最大級の辞書、事典）
図 書	OPAC（図書館所蔵の書籍、雑誌） bookplus＊（昭和以降の本） Webcat Plus（江戸期前から現代までの書物） CiNii Books（図書を所有する全国図書館）
論文・雑誌記事	CiNii Articles（日本の論文） 医中誌 Web＊（医歯薬・看護と周辺領域論文） magazineplus＊（雑誌記事、論文）
新聞記事	聞蔵Ⅱビジュアル＊（朝日新聞） 日経テレコン 21＊（日本経済新聞） 毎索＊（毎日新聞） ヨミダス歴史館＊（読売新聞） LexisNexis Academic＊（世界の主要英字紙、判例等）
統 計	e-Stat（政府統計の窓口） OECD iLibrary＊（35 か国の経済協力開発機構のデータ）
資料が見つからない場合	国会図書館リサーチ・ナビ（調べ物のポータルサイト）

（図書の項目に「使いこなそう！」の注記）

＊は有料サービス（2019 年時点）

■大学の統合検索サービスの例

・早稲田大学図書館：WINE Plus
・慶応義塾図書館：KOSMOS
・京都大学図書館機構：KULINE
・法政大学図書館：HOSEI Search

◆ 目次と「はじめに」を読む

本の目次と「はじめに」と書かれた部分(序文)に目を通します。「はじめに」には、その本を書いた目的が書かれています。裁判員制度の問題点を扱っている本であれば、目次や「はじめに」の中に問題点が取り上げられているはずです。本の一部でも問題に触れた部分があれば、その本を借りることにします。

◆ データベースを使いこなす

このような図書検索には、便利なデータベースがいくつかあります。

① bookplus
② Webcat Plus
③ CiNii books

この三つはそれぞれに異なる特徴を備えています。
① bookplus(有料)
　昭和元年(1926年)以降に出版された図書をさまざまな語で検索できます。
　OPACよりも優れた点があります。OPACでは検索できない「本屋大賞(受賞作)」「声優の仕事」(→「声優」「仕事」に分けた方がよい)といった、今風のキーワードでも多岐にわたる検索ができることです。
　BOOKデータベースと連動しており、1986年以降の本であれば、要旨・目次情報、小説のあらすじを表示させることができます。

② Webcat Plus（ウェブキャット・無料）
http://webcatplus.nii.ac.jp/
もしくは Webcat Plus　　　　　検索

　サイトの説明によると、「江戸期前から現代までに出版された膨大な書物」が収録されています。年代で区切って検索してみると、西暦700年代から登録書物があるようです。
　最大の特徴は、文章を入力して検索する「連想検索」です。bookplusのキーワード検索よりも広い範囲で検索結果が表示されます。「裁判員制度の問題点」よりも、「現在の日本の裁判員制度の問題を考える」というように、やや長い文章の方がより多くの検索結果が得られます。1986年以降の本では、要旨・目次情報、小説のあらすじを表示させることができます。

③ CiNii Books（サイニー・無料）
　全国の大学図書館所蔵の図書を検索できます。自分の大学図書館にない本で、どうしても必要な場合は、図書館のカウンターに相談してください。紹介状を発行してもらって、入館しての閲覧や館内での複写ができる場合があります。

◎ CiNii（国立情報学研究所）の三大機能
CiNii Articles：日本の「論文」を探せる
CiNii Books：「大学図書館の本」を探せる
CiNii Dessertations：日本の「博士論文」を探せる

8 その他の情報の探し方

◆ 論文・雑誌を探す

① CiNii Articles（サイニー・無料）　基本

　日本の論文を検索できます。オンラインで閲覧できる論文は、検索結果から本文を表示することもできます。

② magazineplus（有料）　基本

　日本の雑誌、論文（見出し）の検索ができます。

　①の CiNii Articles を補完し、論文検索に加え、『日経ビジネス』『週刊新潮』など書店で販売されている一般誌や専門誌の記事も検索できます。「日本相撲協会」「ホームパーティー」といったキーワードでも検索ができます。

　目次表示機能もあり、その号の目次を見ることができますが、CiNii Articles のような本文表示機能はありません。

◆ 新聞記事を探す──論文における強い味方　基本

　明治以降の政治、経済、社会、文化の動向を知るには新聞記事検索は有効です。朝日、毎日、読売、日経を始め、海外主要紙の検索サービスを多くの大学図書館で提供しています。

　各紙の論調は異なりますが、記事には取材による裏付けや正確なデータが求められるため、**レポート・論文に引用できる**信頼性を備えています。しかも、「国土交通省によれば」「3月の日銀の短観では」とデータの出典元が必ず示されるので、**どこにデータがあるか**も分かります。

「裁判員裁判」で検索すると、いつから検討が始まり、どういった裁判でこの制度が注目されたかを知ることができます。

◆ 政府統計資料を探す

①e-Stat（イースタット・無料）　　　　　　　　　基本

　政府統計のポータル（入り口）サイトです。府省庁が公表した膨大な統計データを検索でき、グラフ化や地図上の表示ができるなどの機能を備えています。

　🔍キーワードで探す　の部分に検索語を入れて検索します。

②インターネット検索　　　　　　　　　　　　　　基本

　検索エンジンの進化によって、統計データもインターネットで探すことが可能です。たとえば、

　｜睡眠時間　e-Stat｜　　　｜睡眠時間　統計｜

で検索すると、「国民生活基礎調査」「国民健康・栄養調査」（いずれも厚生労働省）、「社会生活基本調査」（総務省統計局）といった統計データが結果に表示されます。

　統計データがあるのか分からなくても、所在不明でも、検索できるのが強みです。たとえば「都内のカラスの数の推移」や「京都に来た外国人旅行客は、買い物にいくら支出しているのか」といったデータです。これらは政府統計にはなく、検索を行うと、前者は東京都環境局、後者は京都市産業観光局にデータがあります（2019年4月現在）。

◆ 民間の統計データを利用する

　民間の統計データにもユニークなものがあります。統計データやアンケートの取り扱い注意点を**次項**で取り上げます。

9 統計データやアンケートを扱う際の注意点

◆ 民間の統計データは「母集団」に注意

統計調査には、国勢調査のように母集団の**全数調査**と母集団の一部を抽出した**標本調査**があります。ほとんどの統計データが標本（サンプル）調査です。

統計データを利用する場合、必ず調査方法や調査対象者を確認します。論文作成で、学生が同じ大学の友人やその知人にアンケート調査を行ったとしましょう。その集計結果(例：「大学生の22%はアルバイトをしていない」) を一般化することはできません。目標母集団となる大学生全体から適切に抽出されておらず、データの信憑性に問題があるためです。同様の理由で、インターネット上で行われるリサーチなどにも注意が必要です。

◆ アンケートには2タイプ──定量調査と定性調査

アンケート調査には、大きく分けて**定量調査**と**定性調査**の2種類があります。

定量調査は、できるだけ多くの人にアンケート調査を行って、回答を数値化します。たとえば、

- 20代から30代の女性が平日に百貨店で何を購入しているか
- アルコール飲料の好きなフレーバー、アルコール度数は？

このような事柄の、全体傾向を把握したいときに用いられます。調査の精度を上げるためには、ある程度大きな母集団が必要です。

定性調査は、数値化できない部分を明らかにするために行われます。一対一で行われるパーソナルインタビューや数名で行うグループインタビューが代表的な調査方法です。

・20代、30代の女性が百貨店に望む新サービスは？
・子育て世帯がワンボックスカーに欲しい装備、使い勝手とは？

このように、ターゲット層のニーズや商品の改善点を探りたい場合に向いています。

最近では、Web調査が主流になりつつあります。Web調査を専門とする調査会社も数多くあります。

◆ アンケート調査には工夫が必要

アンケート調査では、**どのようなデータを取るのかを明確にする**ことが最も重要です。漠然と「今の大学生の好みはどうなっているのか」ではなく、「大学生がアルバイト先を決める要因は何か」のように具体的なテーマがアンケート調査に適しています。

調査票にも工夫が必要です。項目が多かったり、最初に難しい質問があると、回答者は途中で回答をやめてしまうことが分かっています。そのため、回答者の負担を減らす質問構成にすることが求められます。

◆ 得られた結果をどう見るか

　回答者は誠実に回答しているとは限りません。あまり深く考えることなく、いいかげんに答える回答者や、アンケートの最初と最後で基準が変わってしまう回答者もいます。「あなたは車が好きですか？」には「そう思う」と回答し、「あなたは車の運転が好きですか？」には「あまりそう思わない」と回答するようなケースは多数あります。

　中でも、政治信条（支持政党）やプライベートな質問（性格、家族など）には、防御心理が働き、本心を隠して答える傾向が強まることも研究で分かっています。アンケート調査には、当然そうしたことが含まれていると留意すべきです。

　ちなみに、大学の研究者・学生が行うアンケート調査は、「人を対象にする研究」に該当し、大学倫理委員会の事前承認が必要となります。多くの大学では、研究者が行うべきことや手続きについて指針を定めています。「論文のネタに困って」「思いつきで急に」アンケート調査はできません。

> **ユニークな民間の統計**
> ①**生活定点**（無料）　https://seikatsusoken.jp/teiten/
> 　博報堂生活総合研究所が1992年から行っている定点調査を無料で公開。「健康に気をつけた食事をしている」「いくつになっても恋愛していたいと思う」など生活者に密着した約1,400項目のデータがある。
> ②**調査のチカラ**（無料）　http://chosa.itmedia.co.jp/
> 　アイティメディア（ITmedia）がネット上のデータを収集し、公開。社会、政治、ビジネス、エンタテインメント、ライフスタイル、デジタル家電など幅広く収集。

10 情報源の管理の仕方

◆ 引用元と出典の違い

情報を集める際には、その情報源を書き留めておくようにしましょう。論文では、引用した際に**引用元**と**出典**を正確に書く必要があるためです。

資料から引用した場合は**引用元**、データを示したり、データから図表を作成した場合は**出典**と呼びます。

◆ 情報源をメモする

①公的機関のウェブサイト

サイトの名称と、参照したページの名称と、そのアドレスをメモします。

例

最高裁判所．"裁判員制度"．
http://www.saibanin.courts.go.jp/

②書籍

著者名、タイトル、出版社名をメモします。次の例は、小学館の辞書をオンラインで使用したケースのため、タイトルは項目名と辞典名が併記、出版社名にはオンライン辞典名とその URL が併記されています。

> 例
>
> 加藤哲夫."裁判員制度".日本大百科全書,小学館.ジャパンナレッジ Lib.
> https://japanknowledge.com/lib/display/?lid=1001000305695
> (※会員登録必要・2019 年 5 月 21 日アクセス)

③公式文書・報告書など

　調査研究などのタイトル、責任者、年度、pdf ファイルの URL など、資料によって情報は異なりますが、後々アクセスするために必要なことはすべてメモします。

> 例
>
> 裁判員制度に関する検討会 (2013).「裁判員制度に関する検討会」取りまとめ報告書.
> http://www.moj.go.jp/content/000112006.pdf
>
> 司法研修所編 (2012). 裁判員裁判における量刑評議の在り方について. 法曹会
>
> 最高裁判所 (2018). 裁判員等経験者に対するアンケート調査結果報告書〈平成 29 年度〉.
> http://www.saibanin.courts.go.jp/vcms_lf/h29-a-1.pdf

④雑誌掲載論文

　著者、年度、正式タイトル（略さない）、掲載雑誌名、掲載ページなどをメモします。

> **例**
>
> http://www.saibanin.courts.go.jp/vcms_lf/h29-a-1.pdf
> 綿村英一郎・分部利紘・高野陽太郎 (2010). 一般市民の量刑判断：応報のため？　それとも再犯抑止やみせしめのため？. 法と心理, 9(1), p.98-108.

⑤新聞記事

　新聞名、掲載年月日、大見出し、中見出し、朝刊夕刊の別、ページなどを記します。記事のコピーを取る際に新聞上部を含めるとこれらの情報は入れられます。

> **例**
>
> 朝日新聞 (2015).「裁判員裁判、何のため」：死刑破棄、遺族は憤り　最高裁判断. 2月5日, 朝刊, p.31.

　①〜⑤のメモの文字量を見ると、面倒に感じるかもしれません。しかし、書いておかないともう一度探すことになり、さらに面倒なことになります。

◆資料探しに困ったときは

①レファレンスサービスを利用する

　どこの大学図書館にも、図書館員が調査や資料探しを手伝

うレファレンスサービスがありますので、利用しましょう。何を調べたら資料が見つかるのか、その情報はどこにあるのかを一緒に探してくれます。

②他大学の図書館を利用する

　自分の大学図書館にない資料は、複写して取り寄せる（有料）か、直接その大学に行って閲覧します。紹介状が必要な場合もありますので、図書館カウンターで尋ねてください。

　東京の山手線沿線にある大学が作る「山手線沿線私立大学図書館コンソーシアム」では、教職員・学生の相互利用が可能です。加盟大学は、青山学院、学習院、国学院、東洋、法政、明治、明治学院、立教の8大学です。

③東京都立中央図書館、国会図書館を利用する

　都立中央図書館は、公立図書館としては国内最大の200万冊を超える所蔵があります。国会図書館は、古書を含め、膨大な資料を網羅しています。いずれも、個人への貸し出しは行っていません。資料は、館内で閲覧できるほか、著作権法で認められた範囲内で、有料のコピー（複写）サービスもあります。自分自身の手でコピーすることはできません。

　ここまでが、いわば準備の前半戦です。
　次の章は準備の後半戦です。手を動かし、徐々に紙にまとめていきます。

第3章
レポート・論文の準備Ⅱ
資料の読み込みから
問題整理まで

準備の後半戦です。
資料を読み考察し、自分自身の意見をまとめていきます。

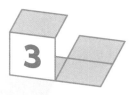

1 問題点を絞り込む

　ここまで、さまざまな資料を揃えました。状況が前に進み、うれしいことと思いますが、資料に無条件に飛びついてはいけません。

◆ 資料に見えない「答え」を見つけよう

　資料を読むのは、まずは現状を把握し、先行研究がどこまで解決しているかを確認するためです。できるだけ、最新のデータや資料に接するようにしましょう。資料集めや資料読みをあまりしないで、自分の頭で考えたことを組み立ててしまうと、主観的な論文・レポートになってしまいます。

　資料を読むときに大切なのは、**資料の中にあえて「答え」を探さない**ことです。自分でもう一度考えてみることが、とても大切だからです。たとえば、「気温と商品の売り上げには関係があるか」という問いに対し、「25℃以上でアイスクリームが売れる」「18℃以下ではおでんが売れる」など、すでに分かっていることを結論にしても、その考察に価値はありません。「本当にそうなのか」と考えることに意味があります。

　社会においては、日常的にトラブルに遭遇します。過去の事例に答えがあることもありますが、未知のトラブルには自分で答えを見つける必要があります。レポート・論文もそれと同じです。

◆ 問題点を書き出してみる

　前章で集めた資料や情報から、分かった問題点を書き出します。紙やノートに書く以外に、パソコンやスマホに打ち込んでもかまいません。

　裁判員制度の問題点はいくつかあります。箇条書きにしてみると、次のようになります。

・裁判員の精神的負担
　a．死刑を含む判決をしなければならない。（量刑を決める）
　b．数日間仕事を休んで裁判に参加しなければならない。
　c．法廷で殺人死体の生々しい証拠写真を確認しなければならない。
　d．評議の秘密や裁判員として知り得た情報について守秘義務が課せられる。評議内容の暴露に対しては罰則あり。

　　評議：裁判員が裁判官の説明を受けながら、有罪・無罪を決め、具体的な刑を決めること

・裁判員を辞退する人、無断欠席する人の増加
　a．裁判員の選任手続日に無断で欠席する人が増えている。
　b．精神的負担と関連があるかも？

- 公判前整理手続 　　公判前整理手続：裁判員裁判で公判前に争点や証拠を絞り込む作業

  a. 裁判員制度が始まった2009年は2.8カ月、2017年は8.3カ月と長期化。
  b. 被告人の勾留（裁判前の身柄拘束）が長引く。
  c. あとから証拠調べ請求が原則できない。（刑事訴訟法316条の32）
  d. 審理日程を守るため（裁判員の負担を減らすため）でよいのか？

- そもそも裁判員制度改革は誰のためのものだったのか
  a. 被告人には憲法32条の裁判を受ける権利がある。
  b. デュー・プロセスの保障はあるか。
  　　デュー・プロセス：適正な裁判手続が行われること
  c. 本来は被告人のための制度で、裁判員のためではないはず。

◆ 問題点は複数集めてから一つに絞る

　問題点はできるだけ情報を集めてから、一つに絞ります。課題は「日本の裁判員制度の問題点を一つ挙げ、資料2点以上から引用しながら、あなたの考えをまとめなさい」で、問題点は一つでよいことになっています。なぜ問題点を複数集める必要があるのでしょうか。また、なぜ最初に見つけた

問題でレポートを書き始めてはいけないのでしょうか。

　問題には、裁判員制度の本質に関わるものとそうでないものがあります。また、容易には答えられない問題もあります。通常、問題は複雑に絡み合っているため、ていねいに読み解いて全体像をつかんでいきます。最初に現れた問題に飛びついてしまうと、

・歯が立たないほど**困難な問題**
・取り上げる意味もないような**些末な問題**
・きわめて珍しく**例外的な問題**

のようなものにあたってしまうリスクがあるためです。

　以上、揃えた資料に最初に向き合う際の姿勢についてお話ししました。すぐに資料の中に答えを見つけようとしないこと。そして、問題点らしきものが一つ見つかっても、すぐそれに決めてしまわず、他にもないか探してみることです。この２点には、気を付けてください。

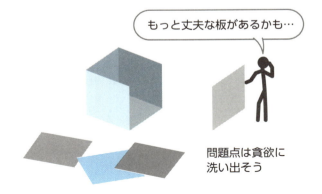

もっと丈夫な板があるかも…

問題点は貪欲に洗い出そう

2 問いを立てる

◆ 問いの形は疑問文にする

　いよいよ主題となる「問い」を決めます。ここで、次のように思う人がいるかもしれません。

　「私は『女性が働きやすい職場の条件』に的を絞り、いろいろ調べて書こうとしているのだから、わざわざ問いを立てなくてもよいのではないか？」

　「私は『日本の犬・猫の殺処分の現状と問題』について、問題意識があって取りかかるのだから、すでに問いは明確になっている」

　レポート・論文の基本は、自分の立てた「問い」に、裏付けとなる資料・データを示して「答える」ことにあります。したがって、出発点となる「問い」は、疑問文である必要があります。さらに、レポート・論文が問いに答えるという形式をとっている以上、**良い問いを立てる**ことが、レポート・論文の成功の第一歩です。

◆ 立てた問いを見直してみる

　上で挙げた二つの例は、いずれも what の疑問です。問いと答えがどのようになるか、詳しく見ていきましょう。ここまでに取り上げている「裁判員制度の問題点」というテーマも合わせて載せます。

問い	答え
女性が働きやすい職場の条件とは	職場の条件は、○○である。
日本の犬・猫の殺処分の現状と問題について	殺処分の現状と問題は、○○である。
裁判員制度の問題点について	制度の問題点は、○○である。

　どの答えもいろいろと調べたことを書くので、書いた本人は問題の認識が深まり、達成感もあるでしょう。しかし、答えはどれも現状の説明や問題点の指摘に留まっています。つまり、「〜について」や「〜とは何か」という問いを立てると、答えは「〜である」という説明で終わってしまい、論文・レポートが目指す**問題解決**につながりません。

◆ what ではなく、why、how、should で考えてみる

　そこで、what ではなく、why（なぜ）や how（どのように）、should（すべき）といった視点で、改めて問いを考えてみます。

・なぜ〜なのか（原因・関係性を問う）	why
・どうすれば〜を解決できるか（解決策を問う）	how
・〜をするべきか（是非を問う）	should

　先ほどの三つの例を、たとえば**次ページの右**のような問いに修正すれば、解決に向けた考察に変わり、レポート・論文にふさわしい問いになります。

元の問い	改善後の問い
女性が働きやすい職場の条件とは	**なぜ**男性の育児休暇が活用されないのか
日本の犬・猫の殺処分の現状と問題について	**どうすれば**殺処分ゼロが実現されるか
裁判員制度の問題点について	裁判員に量刑判断をさせる**べきか**

　問いとして浮かんだフレーズでそのまま走り出さず、その問いを、why、how、shouldのどれかを使った表現に置き換えてみるという一手間で、レポート・論文の向かう方向が明確になります。

◆ 問いがなかなか決まらないときは

　テーマは決まっているのに、なかなか問いが思い浮かばないということがよくあります。この場合、頭の中で問いを考え出そうとすると、たいていは行き詰まります。自分で考えるよりも、**①資料やデータをさらに集める、②他人の助言を受ける**方が早く解決します。

　問いは、もちろん自分で考えて決めるものです。しかし、材料が少ない状態では、なかなか良い問いにはなりません。周辺も含めて、必要な資料・データを集めることが必須です。

　その分野の知識に詳しく、資料もかなりあるのに、問いが思いつかない場合は、**他者の視点**が有効です。学生であれば、教員や友人、先輩、会社員であれば、上司や同僚です。

　問いは、レポート・論文の質を決める、きわめて重要な事柄です。

◆ 自分の立てた問いをチェック

☐ ①問いの形式をチェック

問いの疑問文が「〜とは何か」という what 形式になっていると、研究は難航します。前項で述べた、why、how、should のどれかの問いに置き換えてみましょう。

> **例**
> そこで、家庭から出る食品ロスについて考察する。

これを疑問文で具体的に言い換えてみます。
→そこで、次の2点を考察する。なぜ家庭から大量の食品ロスが出るのか。どうすれば、家庭の食品ロスを削減できるか。

一つのぼんやりした問いが、why と how の二つを内包する、シャープな問いに生まれ変わりました。

☐ ②資料やデータに基づいているかチェック

資料やデータがないと、自分の意見の根拠を示すことができません。**79 ページ〜**の「③資料・データが集めにくいもの」の事例を参考にしてください。

☐ ③先行研究をきちんと調べたかチェック

これは論文では必須です。先行研究の成果は、引用して利用できます。先行研究が明らかにしていないことについて問題提起をして解決すると、研究に独自性が出ます。

◆ レポート・論文に適さない問いの例

　テーマや問いは、自分の関心に沿って選ぶのが基本ですが、中にはレポートに向かない問いというものもあります。つまり「議論ができない問い」で、たとえば次のようなものです。

①未来予測
　50年、100年後ではなく、ごく近い将来を問題にするケースは、非常に多くあります。若い世代ほど、現在だけでなく「これから」の世界に高い関心を持っているので、こうした問いが出るのはむしろ当然です。しかし、自分の意見の根拠を示すことができないと、レポート・論文の結論が推測になってしまいます。

> **例**
> ❶人工知能（AI）によって、人間の仕事はどのように変わるか
> ❷Bリーグがさらに盛り上がるためにはどうすればよいか
> ❸eスポーツが日本に導入されるためには何が必要か

　ただ、研究テーマとしてまったくダメかというと、そうではありません。上のような場合も、時間軸を未来から現在にして「現状分析」を行うと、**いい問いに生まれ変わる**可能性があります。
　たとえば、❶のAIであれば、すでにAIが導入されている具体的な現場を考えてみます。無人の配送センター、食品

工場、植物工場などがあります。AI導入に伴い、それまで働いていた人たちは、契約打ち切りや配置転換といった事態に直面したはずです。リストラは簡単な選択肢ですが、当事者が幸せになる解決策ではありません。

では、どうすればいいのか。これは、とても切実な問題であり、考える価値があります。

②成功・失敗事例の要因分析

コンビニ、テーマパークのトップ企業、プロスポーツの優勝チーム、急成長する企業や業種、話題になる社会現象(ユーチューバー、声優、ゲームなど)をテーマにして、その要因を探るものです。

❶日本代表はなぜ強くなったのか
❷なぜ○○は、事業の撤退を余儀なくされたのか
❸なぜ○○は、人気観光地として復活を遂げたのか

私は、学生に**「成功の後追いをするな」**とよく言います。最大の問題は、成功や失敗が分かっているため、レポート・論文の結論に驚きがないことです。結論に合わせた資料集めをしてしまう可能性もあります。

③資料・データが集めにくいもの

次のような問いは、いずれも資料・データを集めることが困難です。

> **例**
> ❶企業のイメージキャラクターが売り上げに与える影響
> ❷ SNS の炎上要因を分析する
> ❸マンガ原作の映画化――そのメリットとデメリット

　これらを調べたくても、企業が持っている個別商品の売り上げや利益などのデータのほとんどが、入手が困難です。

セルフチェック

自分の問いを検証しよう。

問い

・予測の要素がないか？　［ある・ない・少しある］
・有名な第三者の成功（失敗）を後付けで論じようとしていないか？　［あてはまる・あてはまらない］
・調べようもない分野をやろうとしていないか？
　［調べられる・調べられそう・非常に難しそう］

アウトラインを作成する

◆アウトラインとは、見取り図である

アウトラインとは、レポート・論文の全体像を示す見取り図です。しかし、実際に書いてみる人は少なく、頭の中で大枠を考えるか、メモ書きで書き始める人が大半です。

アウトライン作りは、情報を**取捨選択**して結論に至る**筋道**をきちんと確認する作業です。特に論文の場合、調査は広範囲に及びます。調べたことをすべて論文に盛り込むのではなく、結論に必要な情報を絞り込む必要があります。調査が不十分だと、すべての資料を使おうとするため、論点が散漫になり、主張の弱い論文になってしまいます。

アウトラインを実際に書き出してみることで、全体の構成を視覚的に理解できます。

◆アウトラインは、こう考える

次の問いの例で考えてみましょう。

> **例**
> 離島の町で子育てしやすい環境を作り、住民の転入を増やすにはどうすればよいか

調べた結果、次のような項目の資料とデータがあるとします。ここから、必要な項目を絞ります。

子育てしやすい環境とは
・「住みたい街ランキング」
・総務省「住民基本台帳人口移動報告」
・人口増加率
・転入超過数
・子ども世代（0～14才）の転入・転出
・なぜ転出するのか？
・通勤のしやすさ
・公園、保育園・幼稚園、小児科医や病院……などの数
・住宅価格　　・教育の質　　・子育て支援
・離島への移住条件（成功例）
・住民のニーズをくみ取る

　これらを交通整理するには、問いの分析が必要です。最初に立てた問いを今一度読むと、いくつかの問いを内包していることに気づきます。

離島の町で子育てしやすい環境を作り
住民の転入を増やすにはどうすればよいか

なぜ離島の町で、子育てしやすい環境作りが必要なのか？

子育てしやすい環境とは何か？

子育てしやすい環境があれば、実際に住民の転入は増えるのか？
ほかの方法はないのか？

仮に、子育てしやすい街に転入が増えているのであれば、離島の町でも子育て支援の政策を推し進めるべきです。それでは、どういう条件が揃えば、子育てしやすいと言えるのでしょうか。その条件を解明し、移住を促すにはどのような政策があればよいかについて検討します。

◆ アウトラインは、こう書く

　アウトラインは、立てた問いに向かって「まっすぐ」答えていくように構成します。アウトラインは、単に並べ替える作業ではなく、**余計なものを削ぎ落とす作業**です。同じ資料やデータを集めても、筆者の考えで構成は大きく変わります。構成の一例を次に示します。

■アウトラインの例

```
1．なぜ離島で、子育てのしやすさが重要なのか
2．子育てしやすい環境の条件とは何か
        1) 住みたい街ランキング
        2) 人口移動（転入超過、子ども世代の転入・転出）
        3) 仕事と通勤のしやすさ
        4) 住宅価格
        5) 教育の質
        6) 子育て支援
3．離島でどう実現するか
        1) 移住を促す
        2) 離島への移住の成功事例
        3) 費用対効果
```

最初の箇条書きは、ただ項目を羅列しただけです。一方、アウトラインは、項目数が絞られ、論点がきちんと整理された感じがします。言いたいことに向けて、あまり関係のないもの（転出理由、住民のニーズ、公園などの数……）を捨ててまとめ、全体の把握がしやすくなりました。

◆アウトライン支援ツールを試してみよう

　アウトライン作成に役立つソフトやアプリは、すでにあります。資料を調べる段階から、キーワードや文章、資料データを入力しておきます。後から自由に並べ替え、必要なものだけ選択すると、アウトラインを自動生成します。

　本書でたびたび取り上げている裁判員制度に関するレポート課題で「マインドマップ作成」というソフトを用いると、このようなフローができました。これを土台にして、自分の頭と手で練り上げたフローがこの後の見開きです。そちらは細かい事例や説明が入っています。

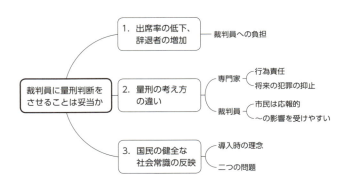

■**アウトラインの作業の流れ**

> 全てを一覧で**可視化**する→一つ一つの**重要度**を計る→**問いの答え**になるように並べてみる→入れ場所に困ったものを**削ぎ落とす**→また**並べ替えてみる**→新たに邪魔になったものを**削ぎ落とす**……（繰り返し）→自分の論が形作られていく

　これがアウトラインの具体的な作業です。自分に合った方法を見つけてください。

　紙にきちんと書くことや、アプリでの美しい描画にこだわる必要はありません。たとえば、ホワイトボードに書いては消して、「これだ！」と思えた瞬間にスマホで撮り、それを基にレポートを進める。そういうやり方も現代では賢く有効です。

アウトラインの完成形
（裁判員裁判のレポートの例）

　論点は「裁判員」「法」「国民全体」の3点に整理されました。最初に裁判員そのものについて論じ、次に法制度、最後には国民全体の利益・不利益を考察するという、徐々に視野を広げていく構成となっています。[198～207ページ参照]

問題提起

> 裁判員に量刑判断をさせることは妥当か

論点 a

- ●裁判員への負担
  - ・裁判員選任手続出席率の低下、裁判員辞退者の増加
  - ・いろいろな負担
    （他人の人生を決める責任の重さ、専門知識不足、社会生活上の支障、恐怖感）←最高裁のアンケート結果より
  - ・審理の長さ、雇用情勢の変化、高齢化、国民の関心の低下

論点 c

- ●国民の健全な常識の反映
  - ・導入時の理念
  - ・二つの問題
    - ・裁判員の判断は応報的
    - ・被告人の権利保護になっているか（憲法で保障）

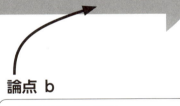

問題解決

裁判員に量刑判断をさせるべきではない

論点 b

- ●量刑の考え方の違い
  - ・行為責任（被告人の犯罪行為にふさわしい刑事責任）＝結果の重大さではない
  - ・市民は応報的（報復的）に考えている。（研究結果）＝結果の重大さに応じた刑罰
  - ・市民の判断に影響を及ぼすもの
    - ・グループ討議
    - ・被告人の容姿の美しさ
    - ・被告人・被害者の社会的地位
    - ・主観的重大性は量刑を重くする。

第2章・第3章まとめ

Preparation Sheet
資料・段取り・思考の軌跡を振り返る

- ☐ 課題内容のメモ
- ☐ アイデアメモ
- ☐ 論点整理アウトライン描画
- ☐ キーワード定義メモ
- ☐ その他（教員とのやりとりなど）

メモに日付があると思考の成熟過程が分かる。
とにかく書いて残そう！

手書き・下書き関係

書誌関係

書籍
- ☐ 現物
- ☐ 該当部分と奥付のコピー

章のタイトルも控えておこう。

新聞
- ☐ データまたは現物
- ☐ コピー

日付などの情報を残すこと。
連載記事なら他の日の分もあるとよい。

雑誌・論文
- ☐ データまたは現物
- ☐ コピー

現物は要注意！
長く放置するとどのページが何のために欲しかったか分からなくなる

現場調査関係

- ☐ 事前情報
- ☐ アポ経緯
- ☐ 当日の記録
  - ☐ 日時
  - ☐ 名称・氏名
  - ☐ 写真
  - ☐ 取材音声
  - ☐ 音声から起こした文書
  - ☐ 資料
  - ☐ 当日の様子や印象　など

事前情報：訪問先概要、アクセス、営業曜日など

アポ経緯：文書やメールのやりとりなど
　　　　　自分からの郵送物はコピーを取っておくと
　　　　　安心！

統計データなど

企業情報
- ☐ 公式サイト
- ☐ IR情報
- ☐ 株価
- ☐ 組織図、名刺など

データ
- ☐ Webデータ
- ☐ 冊子報告書
- ☐ その他
- ☐ 調査年度（重要）

アンケート
- ☐ アンケート調査票
- ☐ 回収紙
- ☐ 集計結果

ネット、その他情報関係

活用情報

- ☐ 出所などの詳細情報
- ☐ 当該情報のプリントアウト

ネット情報はすぐに消えてしまう。
気をつけておこう。

参考情報

読むだけの情報。
レポート・論文には載せないことをここで明確に区別。
触発されたサイト名、Wikipedia、
テレビ番組名などを備忘として書いておこう。

第4章
組み立てて執筆する

ここまでに集めて読み込んだ資料、試行錯誤したアウトライン、思考メモなど。
それらから必要なものを選んで、問いの答えを導きます。

事実と意見を明確に仕分けする

いよいよ執筆のステップです。レポート・論文に書くべき（書いてよい）内容の選別について、最初に知っておきましょう。

◆ 事実（ファクト）を正しく見極める

レポート・論文に書いてよいのは、**事実（ファクト）**と**意見（オピニオン）**、文献などからの**引用［第7章参照］**です。次のうち、事実として扱ってよいものはどれでしょうか。

> ❶ 1987年4月1日、国鉄はJRに民営化された。
> ❷ 織田信長、豊臣秀吉が中心となり、天下統一に向かった時代を「安土桃山時代」という。
> ❸ 日本では、箸から箸へ料理を受け渡すことを「箸渡し」と言い、マナー違反とされる。
> ❹ 今回の監督交代も、球団オーナー企業の意向が強く働いたとされる。
> ❺ 私の経験でも食事制限を始めて1カ月は順調に減量できたが、その後停滞期に入った。

❶は**事実**です。

❷の「安土桃山時代」は後世の人が名付けたもので、厳密には事実ではありません。しかし世間で広く通用している**通説**も、事実として扱います。

❸の**常識**も、多くの人の共通理解があることから、事実に含めます。ただし、通説や常識はいつも正しいとは限りません。

❹はよく使われる表現ですが、うわさや伝聞情報は**推測**です。推測は、根拠にはならないため、レポート・論文には書きません。

❺は個人の**経験**です。経験は一例であって、一般的な事実にはなりません。

◆ 意見（オピニオン）を堂々と押し出す

レポート・論文における**意見**とは、論点に対する「**根拠がある自分の考え**」です。これは、次の五つのいずれかに該当します。

①**是非**（正しい／正しくない）
　例）プラスチック消費量が多い国ほど環境を破壊しているという見方は正しくない。

②**賛否**（賛成／反対）
　例）プラスチック消費量が多いほど環境を破壊するという説には反対である。

③**適否**（適当／不適当）
　例）プラスチック消費量の多さのみを見て環境破壊とみなすのは適切ではない。

④**評価・意味付け**（数値などがどんな意味を持つか）
　例）プラスチック消費量のほかに、リサイクルの普及率や資源再生能力なども検証した。

⑤**提案**（どうすべきか）
　例）プラスチック消費量削減には限りがあるので資源再生への補助も並行して推進すべきだ。

◆推測や感想は書かない

　以上に当てはまらない、根拠がない記述は推測や感想になります。推測や感想は、レポート・論文では書きません。
　したがって、下表の左側の「推測交じりな表現」も使用しません。

使わない方がよい表現 （推測交じりな表現）	**使う表現**
〜と思う	**〜と考える**
〜と思われる	**〜と考えられる**
〜かもしれない	**〜である**
〜ではないだろうか	**〜である**
ほぼ おそらく 間違いなく	左のような意味合いの語はできるだけ使用しない

　また、レポート・論文の最後に、次のような感想が述べられていることがありますが、これも不要です。
　「今回このテーマに取り組んでみて、問題の大きさに驚いた。レポートにまとめることができて、とてもためになった」
　「今回のレポートを通して考えたことを、今後の人生に活かしていきたい」

◆ 事実と意見を混同しない

　事実と意見をきちんと分けて書くことは、レポート・論文における最重要事項です。意見とは言えないレベルの個人的感想や推測をいくら積み上げても、論証にはなりません。

　事実と意見の区別は、現在私たちが考えるべき課題でもあります。日々接する情報（特にネット情報）のどれが事実で、どれが意見か。意見に見えて実はただの感想ということはないか。そのような感覚を磨く上で、レポート・論文は良いきっかけになります。

　とはいうものの、研究の起点は「自分の興味」であると、何度か述べてきました。興味とは、主観的なもので、感想や推測に近いものです。興味からスタートして研究として成り立つのでしょうか。

　テーマに対する思い入れが強い学生は、毎年のようにいます。浦和レッズの熱烈サポーター、アニメオタクや宝塚ファン、中にはお笑い芸人として活動中という学生もいます。

　このように強い思い入れがある場合、良い論文になる可能性を秘めています。テーマに対する関心が極めて高い上、知識量も相当あるからです。このような学生には、本人が思っていることを、先にすべて語って（あるいは書いて）もらってから、指導するようにしています。熱い思いのままでは論文になりませんが、豊富な知識に基づく「事実」と、意見や感想をきちんと仕分けできれば、熱のこもった良い論文になります。

2 構成を決める

◆ 3部構成・5部構成のいずれかを選択する

レポート・論文の構成には、大きく二つあります。

序論・本論・結論からなる**3部構成**と、冒頭に要旨が加わり、かつ本論部分が詳細化される**5部構成**とがありますが、課題として特に指定がない場合は3部構成で書きましょう。

大学生・院生の場合は、指導教員と相談して決めます。

◆ 序論・本論・結論（3部構成）

主に文科系のレポートで一般的な形式です。

序論（はじめに）で、問題の**現状・背景**を書き、**問題提起**します。本論では、**根拠**を示しながら考察を行って問題解決に至ります。結論（おわりに）では、**問題提起**から問題解決までを振り返ります。解明されなかったことについて、今後の課題を付け加えることもあります。

序論の前に、要旨（Abstract）を付ける場合もあります。

◆ IMRAD（5部構成）

Introduction（序論）、Methods/Methodology（方法／方法論）、Results and Discussion（結果と議論）の頭文字ですが、並び順は右ページに示した通り、序論の前にAbstract（要約、抄録）、最後にConclusion（結論）を加えた5部構成が一般的です。

理工系、生物系（農学、医・歯・薬・看護学等）では

IMRADが標準で、人文科学系、社会科学系の学会でも多く採用されています。

サンプルあり

①要旨（Abstract）
　論文の要旨を書きます。結論も含めます。600字程度にまとめます。

②序論（Introduction）　　　**3部構成の「序論」に対応**
　問題の現状・背景を書き、問題を提起します。

③方法／方法論（Methods / Methodology）**「本論」に対応**
　実験・調査・研究手法についての方法と手順を書きます。あとから再現可能なことが必要です。集めたデータの解析方法も示します。

④結果と議論（Results and Discussion）　　**「本論」に対応**
　「結果」には得られたデータの解析結果を書きます。「議論」では、その結果がどういう意味を持つのかを説明します。

⑤結論（Conclusion）　　　　　　　　**「結論」に対応**
　全体を振り返り、分かったことを書き、今後の課題も付け加えます。

　要旨のサンプルを2点、巻末資料の210〜213ページに掲載しています。

書式・文体などのルールを知る

◆ サイズ・縦横・余白など

書式の詳細なルールはこの後のサンプルを参照してください。指定のない限り、A4サイズを縦に用いて、横書きで書きます。余白は上下25～35ミリ、左右30ミリに設定します。

◆ 表紙

論文は常に表紙を付けます。レポートは、指示がなければ表紙を付けますが、字数が2,000字以下など少ない場合は付けなくてもかまいません。

◆ フォントタイプ、サイズ

ソフトの標準設定のものやMS-WordであればMS明朝、MSゴシックなどを使用します。本文は10.5ポイント、タイトルは12または14ポイント、見出し（「はじめに」など）は12または10.5ポイントの太字に設定します。

◆ 文体は常に「である」調で

「である」調で書きます。レポート・論文は、「～である」「～だ」（常体）で書き、「～です」「～します」（敬体）は、引用を除き使いません。敬体が混入しないように留意します。

引用の場合は注意します。引用方法によっては、敬体が入ってくることがあります。

◆ Wordの便利な機能は活用しよう

MS-Wordの便利な機能をいくつか紹介します。

①字数を数える
ツールバー「校閲」→「文字カウント」

通常は「スペース」（改行などで生じた空白部分）を含めた字数を見ます。

②ページ番号を付ける
ツールバー「挿入」→「ページ番号」→「ページの下部」

表紙の次のページから番号を振る場合は、「ページ番号」から「ページ番号の書式設定」に進み、開始番号を調整します。

③目次を自動で作成する
ツールバー「参考資料」→「目次」

ホームの「見出しスタイル」の「見出し1」「見出し2」を使うと、目次を自動的に作成できます。

④表記を統一する
ツールバー「校閲」→「表記ゆれチェック」

発見したゆれを一括で置き換えたい場合は「検索」→「置換」

ただし「一括置換」を選ぶと、字句によっては不適切な置き換えもなされてしまうので注意が必要です。

例）党派→会派で一括置換したら、「無党派層」の中の文字まで拾われて「無会派層」となる。

⑤字下げ

　行頭の文字下げを、スペース挿入によって処理する人を見ますが、後で書式を変えたいときに不都合が生じます。通常の文字下げ設定は「インデント」で行います。箇条書きは、「ホーム」タブ→「段落」グループから、「箇条書き」をクリックします。

◆単語登録

　頻出の学術用語、固有名詞、学名などは、日本語入力ソフト（IME）の辞書にあらかじめ単語登録しておくと、初歩的な誤記を防げます。

◆手書き原稿も OK ？

　パソコンでの作成を前提に話を進めてきました。私の経験では、20 年以上手書きのレポートや論文は見たことがありません。手書きを禁止しているわけではありませんが、学生から「手書きでもいいですか」と聞かれることもありません。現在は、ほぼ全ての大学が、学生の勉強や研究をサポートするネットワークを構築していて、授業の資料、レポートなどをネットワークを介してやり取りできるようになっています。したがって、レポートであれば、パソコンで作成し、印刷することなく、ファイルを添付し送信すれば提出が完了します。

　ネットや他人のレポートからの無断コピペについては、それを検知する優れたソフトが登場しています。接続する語や語尾、本文の一部を書き換えたとしても、本体部分の内容の同一性の割合を数値で表示するので、安易なコピペは分かるようになっています **[180 ページ参照]**。

■サンプル1　表紙を付ける場合

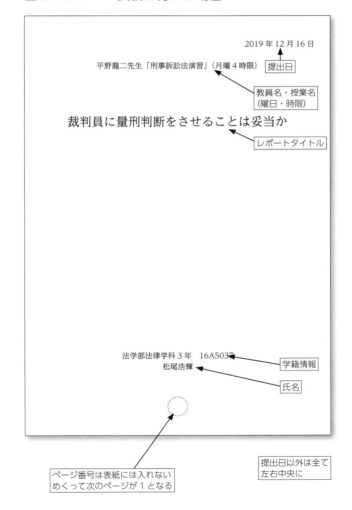

■サンプル2　表紙を付けない場合

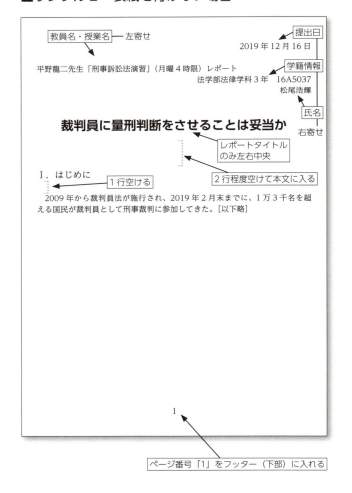

4 執筆する① 序論

◆ 序論は予告編。作業の終盤に書いてもOK

序論は、映画の予告編に似ています。①どのような状況で(**現状・背景説明**)、②どのような問題があり(**問題点の指摘**)、③これまでどう対処してきたか(**先行研究**)、④どう解決するのか(**問い**)を簡潔に書きます。

序論には結論は書きません。また、レポートでは③の先行研究はなくてもかまいませんが、論文では幅広く調べておくのは必須です。

序論は導入部分ですが、大切な役割があります。それは、読み手に興味を持たせることです。ごく一般的な話題から入り、これから考察する問題を疑問形で示します。疑問形にすることで、読み手にも「確かに不思議」「なぜなんだろう」と思わせ、本論に引き込むのです。自分は問題にどう立ち向かうのか。そこで読み手の関心を引ければ、本編の予告は成功です。

なお、序論から書き始める必要はまったくありません。映画の予告編が本編撮影後に作られるように、後から書いた方が早くできる場合が多いです。

この後序論サンプルを二つ載せます。「食品ロス」と、第2章で触れた「田辺・弁慶映画祭」のものです。簡潔さの度合い、問いの提示の仕方、先行研究の取り上げ方など、ポイントを自分で読み取ってみましょう。

■序論サンプル①　テーマ：食品ロス

Ⅰ．はじめに

　国連食糧農業機関（FAO）によると、世界で生産される食料の3分の1が廃棄されている[8]。日本でも、平成28年度、まだ食べられるのに捨てられた「食品ロス」は643万トンと推計されている[9]。これは、国連が食糧援助を行う量のおよそ1.7倍にあたる。食品ロスのうち、家庭から出る廃棄量は291万トンで全体の45%に相当する。すなわち、およそ半分は家庭から出ていることになる。

> 一般的な話題から入り、データと共に現状と問題点を示している。

　先行研究では、家庭において、どのような消費者の行動が食品の廃棄につながるかを明らかにした野々村真希（2014）の研究がある。しかし、食品の表示期限の一つである「賞味期限」と食品ロスの関連については、先行研究では明らかにされていない。そこで、本稿では、賞味期限について問題点を明らかにし、家庭における食品ロス削減のために、何が必要なのかを提言したい。

> 先行研究が行っていない部分を指摘している。

> 問いを明確にし、「賞味期限」に焦点を当てて考察すると述べている。

---

[8] http://www.fao.org/food-loss-and-food-waste/en/ (2019年8月21日アクセス)

[9] 農林水産省(2019). 食品ロス量(平成28年度推計値)の公表について. http://www.maff.go.jp/j/press/shokusan/kankyoi/190412_40.html (2019年8月21日アクセス)

■序論サンプル②　テーマ：田辺・弁慶映画祭

Ⅰ．はじめに

　私は映画が好きで、映画館でかなりの本数を観る。現在、日本には「東京国際映画祭」を頂点に、およそ100の映画祭がある。東京国際映画祭は、国際映画製作者連盟（FIAPF）公認の52映画祭の一つで、カンヌ、ベルリン、ヴェネチアと並ぶ規模を誇る。予算規模は、13億円（2007年度）である。

　導入は、読み手に分かりやすい話から入るのがよい。

　国内に数多くある映画祭の中で、新人監督から注目を浴びる映画祭がある。和歌山県田辺市で開かれる「田辺・弁慶映画祭」だ。予算は1,000万円程度で、極めて低予算で運営されているが、新人監督発掘に成功しているまれな映画祭である。

　論文の対象の提示

　なぜ田辺・弁慶映画祭は成功しているのだろうか。まず、①審査員の構成と審査方法について考察する。次に、②低予算での工夫と市民参加を考える。最後に、③副賞と実績がいかに好循環を生んでいるかを考察する。

　問いは疑問形で。

　論点（この場合は三つ）を明確に示す。

5 執筆する② 本論

◆ 本論では方法・先行研究・結果を述べる

　本論で必ず述べることは、方法、先行研究、結果の三つです。「結果」については、本章の7 **[112 ページ～]** で詳しく解説します。これらのほかに、用語の定義も行います（次項）。

　なお、本論においては必要に応じて図表が用いられますが、その扱い方は本章の8 **[118 ページ～]** で説明します。

①方法を説明する

　序論で立てた問いにどのような方法で答えていくのかを書きます。特に、実験や調査（アンケート調査やインタビュー調査）を行う場合は、**方法の説明**と**得られたデータをどのように分析するのか**を書きます。

②先行研究に言及する

　論文では、先行研究には必ず言及します。レポートでも先行研究の調査は必要ですが、字数が限られているため、レポートの本論では先行研究の検討は省略し、必要に応じて引用だけをします。

　先行研究とは研究論文に限りません。書籍、雑誌記事、新聞記事など、すでに活字になって一般に公表されているもの全てを含みます。

　自分の論を展開する前に他人の論に言及しなければならない理由は、「自分が考えようとしていることは、すでに分かっ

ていることと**何が違うのか**」を示すためです。もし、あなたが示す解決策が、ほかの人と違いがなければ、あなたの研究は独創性（オリジナリティ）が低いと評価されます。

　ちなみに、日本の接客を表す「おもてなし」も、すでに研究対象です。国内外の研究者によって研究され、論文も多数出ています。おもてなしを数値化し、AIを使ってサービスを評価する試みもあります。

　今どきは、まだ誰も思いついていないようなことは少ないですが、逆に、地球温暖化、貧富の格差など、みんなが考えているのに有効な解決策が見つからない問題も多くあります。

③**結果を記す**

　レポート・論文における結果とは実験・調査や研究によって得られたデータと事実のことです。分かったことを書くことで、最初に立てた問いの答えが、読み手にも見えるようにします。その過程を具体化した解説を**112～ページ**で行います。

「本論執筆」解説の見取り図

5 概要	6 定義	7 結果を導く実演	8 図表
当ページ	P110	P112	P118

6 用語を定義する

◆ 「問い」に含まれる用語は定義する

　自分の立てた「問い」に含まれる用語は、本論で定義をしてから使うようにします。

　たとえば、「電子書籍市場」というテーマでレポートを書くケースを考えてみましょう。問いを、「なぜ日本では電子書籍は伸びないのか」に設定したとします。この問いで中心となる用語（キーワード）は「電子書籍」です。電子書籍をわざわざ定義する必要があるのかと疑問に思うかもしれません。「知らない人のために一応説明しておく」わけでもありません。

　用語を定義するのは、レポート・論文で**論じる対象の範囲を明確にしておく**ためです。そのため、国語辞典の説明ではなく、自分が調査して集めた資料の用語説明を基本に、自分で再構成します。一部を除外して、**考察対象を限定**することも可能です。

問い：なぜ日本では電子書籍は伸びないのか

　電子書籍とは、デジタルデータの読み物全般を指す。パソコン、スマートフォン、タブレットで閲覧用アプリを使うほか、専用の電子書籍リーダーで読む。日本の電子書籍市場は、2,826 億円（2018 年度）である。個人が SNS 上で公開する無料の小説、漫画、アニメも電子書籍に含まれるが、このレポートでは考察対象に含めない。

◆分かりにくい用語は定義する

次の3点に該当する用語も先に定義をします。
①専門性が高い用語

> 貧困世帯とは、「相対的貧困」の状態にある世帯のことである。相対的貧困とは、世帯の所得が、その国の等価可処分所得の中央値の半分に満たない状態を指す。

②日常使われるがあいまいな用語

「若者」という語を論文で使う場合は、要注意です。「若者」に法令上の定義はありません。「若者の車離れ」などと言う場合、資料に合わせて、あらかじめ年齢の幅を断っておく必要があります。年齢の幅は使う資料に準じます。同様に「子どものインターネット利用制限」と言う場合は「子ども」の年齢を限定しておきます。

> なお、本稿では「若者」とは、15歳から34歳までを指すものとする。

③略語、特定集団内の隠語（ジャーゴン）

略語は、初出では説明して略語をカッコ内に書きます。隠語は、初出ではカギカッコで表し、説明を加えます。

> ・国連世界食糧計画（WFP）は、新たに難民支援を発表した。WFPによると……　　　　　（略語の例）
> ・特殊詐欺でクレジットカードや現金を受け取る「受け子」に高校生が急増している。受け子と知らずにバイト感覚で応募するケースが多い。　　（隠語の例）

7 本論をどう組み立て、結果を導き出すか（実演）

　ここでは私が実際にレポートの本論を書いている状況を仮想し、考えを組み立てて結論を産み落とすまでの過程を一緒に追っていただきます。分かりやすく身近なテーマということで、「食品ロス」です。

準備

①食品ロスを定義する

　「食品ロスとは、生産または加工・流通・消費の段階で、廃棄された可食部（食べられる部分）のこと」

②調査

　新聞記事や書籍、関係省庁（農林水産省、環境省、消費者庁）のデータ収集、論文を検索

③資料を読み「問い」を設定

　これらを十分に行った状態から始めていきます。

考察1　賞味期限と食品ロスの関係を探る

　「家庭から出る食品ロスを減らすにはどうしたらいいか」が、疑問の出発点です。一般家庭が、ホテルや居酒屋の食べ残し、スーパーやコンビニの売れ残りとほぼ同じ量を廃棄しているという実感は、私にもありません。

　調べてみると、食品に賞味期限・消費期限があることが分

かります。賞味期限とは「おいしく食べられる期限」のことで、超過しても食べることができます。賞味期限は、メーカーが決めるもので、おおよそ品質が変わらない期限に「安全係数」(0.8が目安)を掛けて決めます。消費期限は、食品として安全に食べられる期限で、過ぎると食に適しません。

▶**以上のことを知り、販売現場ではこれらの期限の管理は実際どうなのかということに思考が向きます。**

考察2　流通のしくみを検証する

　日本には「3分の1ルール」という独特の商慣習が存在します。1990年代に、日本のある総合スーパー(GMS)が、客からの要望を受けて始めたもので、賞味期限までの期間を3分割し、3分の1までに納入し、次の3分の1で販売し、残り3分の1で店頭から撤去というものです。

　現在は、総合スーパー、大手コンビニを中心に、納入期限を2分の1に緩和していますが、撤去は3分の1のままです。

　ある食品について、15週はおいしく食べられると製造者が判断したとしましょう。安全係数0.8を掛け、「賞味期限」は12週となります。食品の納入期限は、3分の1では製造から4週まで、2分の1では6週までです。しかし、製造から8週たつと売り場から撤去され、廃棄されます。

　日本では、15週はおいしく食べられる食品が、8週で捨てられるという商慣習が現実に生きているのです。次ページの図で確認しましょう。

■ **3分の1ルール説明図**

15週はおいしく食べられると製造者が判断。

|1|2|3|4|5|　　|6|7|8|9|10|　　|11|12|13|14|15|

安全係数0.8をかけた場合、「賞味期限」は12週となる。

|1|2|3|4|5|　　|6|7|8|9|10|　　|11|12|

3分の1ルールはこの12週に対して適用される。
⇩
メーカーの納入期限は12週の最初の3分の1（4週間。2分の1に緩和しても6週間）
そこを過ぎると納入できなくなる。

|1|2|3|4||5|　　|6|7|8|9|10|　　|11|12|
└ メーカー ┘

次の4週が小売店の販売期間。製造から8週で売り場から撤去される。

（撤去→廃棄）

|1|2|3|4|**5**|　　**|6|7|8|**9|10|　　|11|12|□|□|□|
　　　└ 小売 ─┘

▶**本来は15週間食べられる食品が、半分強の8週間で消費者に届かず廃棄されることが分かりました。**

考察３　消費者側に着目する（家庭廃棄のメカニズム）

　さらに調べていくと、家庭から出る食品ロスの内訳が分かります。先行研究で、どういう消費者の行動が食品ロスを生むのかも特定されます。そこまで分かっているのに、なぜ減らないのでしょうか。

　平成29年度に、消費者庁が徳島県で行った家庭における食品ロス削減の実証事業があります[10]。食品ロスを記録するだけで2割削減、記録に加えて適切な助言を受けたグループは、平均で4割削減に成功しました。

　行動のキーワードは「使いきれる分だけ買う」「食べきる」「使いきる」です。その中で、参加者から見て実践しやすく最も効果のある取り組みは、「使いきれる分だけ買う」です。余った食材は、フードドライブ（一時的に食材を集めるところ）・フードバンク（集めた食材を必要なところに配布する団体）に寄付します。

▶**家庭からの食品ロス削減に可能性が見えてきました。期限内に使いきる・食べきるというキーワードが出ました。また賞味期限の問題に立ち返り掘り下げる必要があります。**

考察４　賞味期限をより掘り下げる

　賞味期限は、きわめてあいまいな表示期限です。目安でしかなく、「賞味期限後も食べられる」とは言っても、いつま

---

[10] 消費者庁（2019）．計ってみよう！　家庭での食品ロス．https://www.caa.go.jp/policies/policy/consumer_policy/information/food_loss/pamphlet/pdf/pamphlet_190401_0001.pdf（2019年8月22日アクセス）

で食べられるかは明示されていません。

　平成 29 年の神戸市の調査では、食品ロス削減に取り組んでいる人が 66% いる一方で、賞味期限の近い商品を購入する人の割合は、18.5% に留まっています[11]。

　また、平成 19 年度の農林水産省の調査でも、「食品の無駄を少なくするために購入の際に気をつけていること」（複数回答）に対して、72.5% の人が「消費期限・賞味期限の長いものを選ぶ」と回答しています[12]。つまり、賞味期限は便利な表示ですが、食品の撤去を早め、消費者から敬遠されることで、廃棄に回っている現状が浮かび上がります。賞味期限表示が、食品ロスの一因になっている可能性があります。

論の流れの完成

1. 賞味期限・消費期限とは何か
    (1) 賞味期限とは「おいしく食べられる期限」
    (2) どのように賞味期限は決まるか
    (3) 「食品期限表示の設定のためのガイドライン」策定
2. 賞味期限に関する商慣習
    (1) 「3 分の 1」ルールから「2 分の 1」ルールへ
    (2) 撤去する期限は変わらず
3. 家庭の食品ロス削減に必要な消費者行動
    (1) 家庭の食品ロスとは
    (2) 「使いきれる分だけ買う」「食べきる」「使いきる」
    (3) フードドライブ・フードバンクの活用
4. 賞味期限を意味あるものにするために

(1) 賞味期限後、いつまで食べられるのか
(2) 賞味期限の近いものを買うことが食品ロス削減につながる

　この解説は、論文ではなく、レポートの作成を想定したものでした。問題の設定や構成は、人によっても、集めたデータや資料によっても当然変わります。あくまで一例と考え、ヒントにしてください。

◆主張には根拠となるデータや事実を必ず示す

　本論を仕上げていくとき留意すべきことは、**根拠をおろそかにしない**ことです。何かを主張するためには、その根拠となるデータや事実を示す必要があります。よく自分の主張に沿ったデータだけを集めて、組み立ててしまうケースがあります。それを防ぐには、**自分の主張とまったく逆の主張を想定**して、その根拠を考えてみるのも一つのやり方です。

---

[11] 神戸市 (2018). 神戸市ネットモニターアンケート調査結果. https://kobecity-monitor.jp/articles/96/attaches/netquestion201712.pdf?1518665285 (2019 年 8 月 24 日アクセス)

[12] 農林水産省 (2007). 食品ロス統計調査（世帯調査・外食産業調査）：平成 19 年度, 世帯（続き）. http://www.maff.go.jp/j/tokei/kouhyou/syokuhin_loss/ (2019 年 8 月 24 日アクセス)

本論に図表を挿入する

　本論に図表を入れることがあります。図とは、グラフ、絵、写真などをいい、表とは、罫線で書かれたものを指します。

◆図表のルール

①タイトルを付ける

　内容がすぐ分かるようなタイトルを付けます。

　資料から元の形式のまま引用した図表の場合は、引用元としてオリジナルのタイトルを必ず明記した上で、自分のレポート上のタイトルと図表番号を別途付けます。オリジナルのタイトルで不都合がなければ同一タイトルでかまいません。

②図表番号をふる

　図表が二つ以上ある場合は番号を付けます。

　図と表は別でカウントします。図1、図2、表1、図3、表2……のように、どんなに登場が遅くても、表の登場が初めてなら表1です。

③図表番号とタイトルの位置を正しく

　図なら図の下に、表なら表の上に置きます。

④読み取りに必要な情報を全て載せる

　数値の単位、グラフの凡例など、その図表の読み取りに必要な情報は漏れなく載せます。

⑤出所情報を必ず表示し、正確に説明する

　出典・引用とせずに出所情報としたのは、調査してデータなどを作った人と、それを掲載し発表した人が異なる、「出典のそのまた出典」のようなケースがあるためです。

　このあとのサンプルをいくつかご覧になってください。

⑥本論の中で機能をきちんと発揮できるように置く

　ただ置くだけではダメです。とにかく図表番号を忘れずに。前後の番号との整合や、文章の該当箇所から対照しやすい位置かどうかもチェックしてください。また、目盛りの単位、凡例、データの時期などの情報の入れ忘れにも留意します。何のために入れる図表なのかを常に考えます。

　たまに見かけるのが、どこかのウェブサイトから画像ごと貼り付け、元々の図番号が画像内に残ったままのケースです。自分のレポート内の通し番号から、いきなり無関係な番号に飛んでいることがあります。最低限の手間を惜しまないようにしてください。

- [ ] タイトルを付けたか？　意味は通じるか？
- [ ] 番号が抜けていないか？　図と表を別々にカウントしたか？
- [ ] 図は図の下に、表は表の上に、番号とタイトルを置いたか？
- [ ] 単位や凡例を忘れていないか？
- [ ] 図表の「出所」を正確に記したか？
- [ ] 入れた図表は本論の役に立っているか？

◆ 図の扱い方

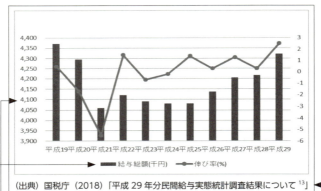

(出典) 国税庁 (2018)「平成29年分民間給与実態統計調査結果について[13]」より筆者が作成
図1　給与所得者の平均給与額と伸び率の推移

新田がこのグラフを作成しました。

同じく、新田が本書向けに付けた図のタイトル。図なので、下部にタイトルが来ています。

グラフの縦軸と横軸の数値はそれぞれ何であり、単位は何かということを明記します。
左の目盛り（3,900〜4,400）は棒グラフの単位（給与総額：千円単位）で、右の目盛り（−6〜3）は折れ線グラフの単位（伸び率：%）となっています。

帯グラフ、円グラフなどでは ▨ ▦ などの区別を知らせる凡例も必要です。凡例は、Excelでグラフを作ると自動生成されます。

---

[13] 国税庁 (2018). "平成29年分民間給与実態統計調査結果について". https://www.nta.go.jp/information/release/kokuzeicho/2018/minkan/index.htm（2019年4月20日アクセス）

◆ 表の扱い方

オリジナルの表（スキャンしたもの）

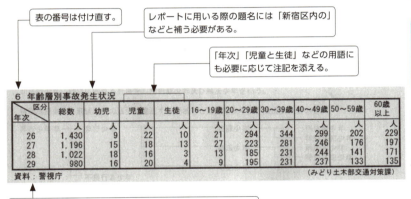

上の表が掲載されていた印刷物の情報

（たいてい最終ページに記載されている）

```
平成 30 年度
   新宿区の概況
         発行年月    平成 30 年 8 月
         編集・発行  新宿区総合政策部企画政策課
                     新宿区歌舞伎町一丁目 4 番 1 号
```

　以上の情報を自分のレポートに合う形に自ら作成したのが、次ページの表です。細かい違いがありますが、より見やすくなっています。

表3　新宿区内における年齢層別交通事故発生状況　(単位：人)

区分 年次	総数	幼児 (未就学児)	児童 (小学生)	生徒 (中学生)	16～ 19歳	20～ 29歳	30～ 39歳	40～ 49歳	50～ 59歳	60歳 以上
平成26年	1,430	9	22	10	21	294	344	299	202	229
27年	1,196	15	18	13	27	223	281	246	176	197
28年	1,022	18	16	3	13	185	231	244	141	171
29年	980	16	20	4	9	195	231	237	133	135

出典：警視庁のデータに基づき新宿区みどり土木部交通対策課が作成した「年齢層別発生状況」(新宿区総合政策部企画政策課 (2018). 平成30年度新宿区の概況, P.12-3.)

◆グラフの種類と性質を知ろう

　表のデータが示す内容をより効果的に表す手段として、グラフ化があります。

①円グラフ

　総量100における各々の比率(構成比)を示したいとき

　例) 50歳代は全体の○%、60歳代は全体の◎%…

②棒グラフ

　横並びで比較して見せたいとき

　例) 20～50歳代の働き盛り世代の件数が大半を占め…

③折れ線グラフ

　時系列の推移を示したいとき

　例) 総数は平成26年～29年の4年間で3分の2程度まで減少…

④帯グラフ

　①の円グラフで示した構成比の、項目ごとの増減を示したいとき(各年度の円グラフを帯グラフ化して縦に並べ、項目ごとに点線でつなぐ)

　例) 他が減少している中で、幼児の件数だけが増加している…

9 執筆する③ 結論

◆ 問題提起から問題解決まで振り返る

序論の問いと本論の終わり部分に書いた考察結果を今一度書いて、自分の考察を振り返ります。明らかになったことだけでなく、解決できなかった問題や新たな疑問もメモします。

下の「結論」の例では、「序論」**[107 ページ参照]** の三つの論点の答えが、簡潔にまとめられています。

■**結論のサンプル**

これまでの考察で、田辺・弁慶映画祭には、この映画祭にしかない工夫と特色があることが分かった。①まず、映画ファンとマニアを審査員に加えていることだ。ファンやマニアが映画祭の審査員になることはまずない。和歌山県内在住の映画ファンと当日の一般来場者が投票で決める「市民審査員賞」と映画検定1、2級のマニアが選ぶ「キネマイスター賞」を設けている。②彼らは、自費で映画祭に参加し、運営も地元の人たちのボランティアによって行われている。これが、低予算での運営を可能にしている。最後に、映画祭が日本の新人監督発掘に絞っていて、③沖田修一、今泉力哉、柴山健次といった受賞者が商業デ

論点①
審査員の構成と審査方法への考察

論点②
低予算での工夫と市民参加への考察

論点③
副賞や実績の付与による好循環

ビューを果たしていることが挙げられる。
③受賞作品は、東京・大阪の映画館で上映されるという副賞がある。マニアの情報発信により、全国の映画マニアが映画館に来ていることも分かった。まさに、全国の映画ファンに支えられた映画祭ということが言えよう。

◆結論部分の鉄則は三つ

　結論の部分を仕上げたら、次の3点を必ず確認します。

①本論に書いていないことが突然登場しないこと
②当初の問いと序論の内容に、完全に対応（一致）していること
③本論の全ての論点に、登場順に触れていること

　ここまでの章では、どのように考え、どのようなものを作り上げていくかについて、さまざまな角度から解説しました。次章からは、調査や考察をまとめていくために必要な、文章を作る力を付けていきましょう。

第5章
文章表現の向上 I
「200字作文」できっちり段落構成

事実と意見と引用しか記せない制約の中で、読み手の関心を引き説得するには、各段落の内容がしっかりとしていることが求められます。

筆者がゼミ生に課してきた「200字作文」を中心に解説します。

段落の機能を理解する

◆ 段落とは、ひとまとまりの話題である

　段落(パラグラフ)とは、ひとまとまりの内容を書いた最小単位です。段落で語られるのは、細かく分けた一つの話題(トピック)です。段落の最初は必ず1字下げて書き、段落と段落の間は行を空けません。

　次の例を見てみましょう。

> 　デザインが日常生活で役立っている例として、ピクトグラムがある。
> 　ピクトグラムとは絵文字とも呼ばれ、情報や注意を与える目的で作成された視覚記号(サイン)である。日本では、1964年の東京オリンピックで初めて使用された。宿泊施設や映画館などでよく見る非常口のピクトグラムは日本で誕生し、現在では国際標準規格になっている。
> 　このようにデザインは、言語を介さなくても情報を伝える力を持っている。

　論旨は明確で、さほど問題がないように見えますが、実はよくない点があります。どこでしょうか。

　この文章は3段落でできていますが、よく読むと話題は

一つしかありません。つまり、一つの段落で書くべき内容なのです。

※ちなみに、本書の私の文章は、実用性や初心者の方の読みやすさを意図して改行を多めに編集されています。

◆ 段落は冒頭がカギ。例示から入らないこと

レポート・論文の段落は、3要素から成り立っています。

①**話題を提示する**（何の話題なのかを冒頭ではっきりさせる）
②**補強する**（話題の説明、原因、理由、例示を行う）
③**締めくくる**（まとめる）

ここで再び先ほどの例文です。

> ❶デザインが日常生活で役立っている例として、ピクトグラムがある。❷ピクトグラムとは絵文字とも呼ばれ、情報や注意を与える目的で作成された視覚記号（サイン）である。日本では、1964年の東京オリンピックで初めて使用された。宿泊施設や映画館などでよく見る非常口のピクトグラムは日本で誕生し、現在では国際標準規格になっている。❸このようにデザインは、言語を介さなくても情報を伝える力を持っている。

この段落の話題は、ピクトグラムではなく、「デザインが

持つ力」です。その例がピクトグラムです。

　最初の❶の文は、この段落の話題です。❷は❶を例を挙げて説明しています。❸は段落のまとめです。❶と❸は、内容的に強い関連があります。

　段落の最初の文は重要です。それを、身近な話題や事例から書き始める人が少なくありません。「最近よくピクトグラムを見かけるようになった」「ピクトグラムは 1964 年の東京オリンピックから使用が始まった」というように、❷から始め、段落の途中に❶が出てくるような書き方です。

　優れたレポート・論文は、段落の冒頭だけを順に読めば、内容が分かるように書かれています。

■**段落の組成図**

1字　段落全体を貫く一文を書く 「何について述べるのか」または「結論」から書く	①提示
根拠（資料・データ）や例を挙げて説明する	②補強
最後に段落をまとめる	③締めくくり

2 「200字作文」でキリッと締まった段落を作る

◆ 鍛錬された「200字」が、文の説得力を生む

　論文を書く人の文章練習として有効なのが「200字作文」です。200字はレポート・論文の一つの段落に相当します。つまり、レポート・論文は、段落が集まってできたものです。

　200字でうまくまとめることができれば、各種試験の小論文、就職活動のエントリーシートにも応用できます。たとえば、「600字以内で論じなさい」とあれば、3段落と見当を付けることができますし、エントリーシートの自己PR欄などは、字数指定はありませんが、おおよそ160字から200字前後です。

　この章の終わりでも触れますが、話を200字程度でまとめることの需要はいたるところにあります。200字作文のコツをマスターし、きちんと相手に伝わり説得力のある文章を組み立てられるようになりましょう。

◆紹介の第一文はとりわけ重要

　ここでは少し論文から離れ、自己紹介を200字の「ですます」調で書いてみましょう。法政大学における私のゼミでは、毎年最初にこの課題に取り組みます。さまざまな自己紹介文が提出されますが、よくあるのが次のような例です。

① 200字自己紹介

> **名前は篠原翔平で、千葉県市原市出身です。** 身長178cmで、中学・高校を通じて、部活でバスケットボールをやってきました。中学・高校ではキャプテンでした。Bリーグの千葉ジェッツが好きで、自分と同じポイントガードの富樫勇樹選手を応援しています。趣味は、バスケ観戦以外に、格闘ゲーム、バスケ関連のマンガを読むことです。性格は、基本大らかで、あまり細かいことを気にしないので、友人からはとても好かれる方です。

篠原君がバスケットボールをやってきたことや、友人から好かれるタイプであることは伝わってきますが、どちらかというと印象に残らない文章です。情報の種類が多いものの、焦点が絞られず、印象がぼやけているためです。

◆一文で印象が鮮明に

ゼミでは、インタビューをして他の学生を紹介する、他己紹介もします。他己紹介は、知らない人には不可解な言葉ですが、企業研修などの現場では以前からよく使われています。

他己紹介で最も大切なのは、**「その人を印象的に紹介する一文は何か」**です。必ずその一文から語り出します。

② 200字他己紹介

> **篠原翔平君は、頼りになるキャプテンです。** 身長178cmで、中学・高校を通じて、部活でバスケットボールをやってきました。中学・高校ではキャプテンでした。Ｂリーグの千葉ジェッツが好きで、自分と同じポイントガードの富樫勇樹選手を応援しています。趣味は、バスケ観戦以外に、格闘ゲーム、バスケ関連のマンガを読むことです。性格は、基本大らかで、あまり細かいことを気にしないので、友人からは好かれています。

　字数のため、出身地を削り、最後の一文を変更した以外は、ほとんど変えていません。しかし、読んだ印象はどうでしょうか。②の例の方が、篠原君のイメージが明確になったと思います。

　頼りになるキャプテンという表現が鮮烈な印象を与えています。これが最初に入ることで、
「何のキャプテンだったのかな」
「バスケか」
「やるだけじゃなくて、見るのも好きなんだな」
「毎日、バスケ一本槍なのかな」
「そうか、ゲームやマンガも好きなんだ」
というように、聞き手の中で篠原君への問いかけが次々と展開されます。これこそが、相手に「関心を持たせ、引き込む」テクニックなのです。

③キーワードをうまく使う

「あなたの強みは何ですか？」という問いの答えです。「ですます」調で書いた文例です。

元の文

> **私の強みは、粘り強く最後までやり抜くことです。**私は大学3年生の時、オーストリアのウィーン大学に1年間留学しました。大学に交換留学制度があることを知り、ウィーン大学に留学する目標を立て、選考試験に合格しました。寮生活も経験し、友人もできました。留学直後は授業が聞き取れず、ノートすら取れない状態でした。しかし、私は決して諦めず、勉強を続け、最後には試験に合格し、単位を取得できました。

改善例

> **私は、準備の人です。**私は大学3年生の時、オーストリアのウィーン大学に1年間留学しました。ドイツ語には苦労しましたが、一人暮らしの寮生活を経験し、友人もできました。大学1年生の担任だった西田先生からは、「何かを成し遂げようと思ったら、まずは準備が大切」と教わりました。ウィーンでは、勉強には十分時間をかけ、最後には試験にも合格して単位を取ることができました。これからも私は準備を続けていきます。

どちらも同じ留学経験を基に書かれた文章です。冒頭の一文で、「あなたの強みは何ですか？」の答えがはっきり述べられています。しかし、読んだ印象は大きく異なるのではないでしょうか。

◆キーワードの差が印象に直結する

元の文のキーワードは、「粘り強い」と「（最後まで）やり抜く」です。「粘り強い」「明るい」「誠実な」「ポジティブな」といった性格を形容する言葉は、抽象的で印象に残りません。

改善例の方のキーワードは、「準備」という名詞です。しかも、「準備の人」という聞き慣れない表現も使っています。これは、「努力」「向上心」「チャレンジ」といったありふれた陳腐なワードではなく、自分の経験から抽出したオリジナルなワードです。こうした自分だけの言葉は、相手にダイレクトに伝わり、新鮮に映ります。

◆時系列で語るな、テーマで語れ

元の文は、留学経験を時間を追って時系列に書かれています。大学に入学して、交換留学制度を知り、選考試験に合格し、ウィーン大学に留学という流れに沿って書かれています。しかし、時系列の話は、連続ドラマの「これまでのあらすじ」に近く、受け手はただ理解するだけです。そこに感動もなければ、印象にも残りません。

改善例では、「準備」を中心にまとめ、準備というキーワードが文中に3回登場します。西田先生の一言、将来に向けた最後の意気込みにも「準備」が使われています。だからこそ、「準備の人」の方が印象に残るのです。

④ネガティブワードから入る 200 字自己紹介

　印象を強くするには、あえてネガティブな一文から入るのも効果的です。極端な例ですが、かつて私が自己紹介用に書いた「である」調の文例です。

> **私は偽善者だ**。大学教員になって 25 年になる。人付き合いは下手なくせに、お節介なほど学生に関わろうとする。卒業すれば学んだことは忘れると分かっていても、大学の勉強に意味があると説く。勇気を持って人生に挑めと応援する。学期の始まる前や授業前はいつも落ち着かない。満員の大教室で誰も聞いてくれない夢を見たこともある。しかし、教壇に立つと落ち着く。家族の知る私とは別人だ。こうして今日も先生の言葉を吐く。

◆パラシュート降下法で書いていく

　レポート・論文から離れた例をもう一例だけ取り上げます。
　上空からパラシュートで降下するように書くと、他人に伝わりやすくなります。大まかな目標を知らせ、次に細かく絞っていきます。これがパラシュート降下法です。法政大学多摩キャンパスへの道順を書いた次の文を見てください。

　元の文

> 　法政大学多摩キャンパスに行くには、新宿方面からは、JR 中央線、京王線に乗ってくだ

> さい。横浜方面からは、JR横浜線に乗ってください。そうしてJR中央線は「西八王子」、京王線は「めじろ台」、JR横浜線は「相原」で降ります。それぞれのバス停から、「法政大学」行きのバスに乗ります。終点で降りると、そこが多摩キャンパスです。

　この説明は、多摩キャンパスへの行き方について正確ですが、首都圏に住んでいない人には、乗車駅と、バスへの乗り換え駅が「点」で示されているだけで、距離感がつかめません。

　パラシュート降下法で書き直した文

> 　法政大学多摩キャンパスは、東京都町田市にあり、東京の西に位置します。新宿、横浜駅から電車とバスで、およそ1時間半かかります。最寄り駅は、JR中央線「西八王子」、京王線「めじろ台」、JR横浜線「相原」で、それぞれの駅から「法政大学」行きのバスが出ています。

　最初の一文が、大まかな全体像を示しています。初めての人でも所要時間が分かります。
　今日では、スマホで経路検索ができ、目的地まで行けるため、道案内の文章力は必要とされていません。しかし、作業手順を文で示す場合には、この道案内のやり方を覚えておくと役に立ちます。

3 段落の「最初の一文」のバリエーション

◆ 最初の一文で段落全体を貫く

200字作文は、それ自体が一つの段落ですから、話題は必ず一つに絞ります。話題の先頭の文は、「何について話すのか」という段落の主題を明瞭に示すものでなければなりません。ここでは、最初の一文に絞って学んでいきましょう。次の文は、「子どもの貧困」について述べた例です。

> **例**
>
> **子どもの相対的貧困率は、2015 年の調査によると 15.6% で、6 人に 1 人が貧困状態にある。**日本は、OECD（経済協力開発機構）の平均 11.3% より悪く、貧困家庭の年収は 122 万円以下である。

これは良い例です。やや長めの第一文ですが、最も伝えたい情報として段落全体を貫いているので、読み手が問題意識を共有できます。では、よくある悪い例を見てみましょう。

◆ 最初の一文が良くない例

①身近な話題から入る

> **例**
>
> **最近、子どもの貧困が問題になっている。**調べてみると、日本も子どもの相対的貧困率は、2015 年の調査によると 15.6% で、6 人に 1 人が貧困状態にある。

②話題の予告をする

> **例**
>
> **ここからは、子どもの貧困について述べる。**日本の子どもの相対的貧困率は、2015年の調査によると15.6%で、6人に1人が貧困状態にある。

③例示から入る／意表を突く

> **例**
>
> **1日1食で、それがポテトチップスという子どもが日本にいる。**日本の子どもの相対的貧困率は、2015年の調査によると15.6%で、6人に1人が貧困状態にある。

　以上の3例は、レポート・論文の「本論」にある段落という点から見ると、いずれも最初の一文が不適切です。
　①は、「序論」「はじめに」であれば問題ありません。②③も、発表（プレゼン）ではよく使われ、③のようにショッキングな例は、聴衆の関心を引く絶好の例です。
　段落の最初の一文の基本は、**段落全体を貫く**ことです。③のポテトチップスが1日の食事という極端なケースはあっても、それはあくまで例示にしかなりません。例は、もちろん段落内で紹介することは可能ですが、段落の最初の一文にはなりません。このあと、最初の一文のパターンをいくつか見ていきましょう。

◆ 最初の一文の2パターン

> **パターン1**

元の文

> **現在、私は家で犬を飼っている**。今の犬は2代目だ。先日、報道で日本で年間1万6千頭もの犬が殺処分されていることを知り、ショックを受けた。飼い主が飼うことをやめ、各都道府県の動物保健センターに持ち込むのがほとんどだという。捨て犬が野犬化している地区もある。飼い主の飼育放棄が原因である。

改善例

> **日本では、2015年度に1万6千頭もの犬が殺処分された**。多くが、飼い主が各都道府県の動物保健センターに持ち込んだものである。また、飼い主に捨てられた犬が、野犬化している地区もある。いずれも、飼い主の飼育放棄が原因だ。

> **パターン1　数値を添え主題を訴える**

　最初の一文に示された「殺処分」というキーワードが、筆者の差し出す主題です。そしてそこに処分の具体的な数値が添えられていることで、単に「私は犬の殺処分について考える」とだけ述べるよりも、読み手に主題がより強く伝わります。

パターン2

元の文

> **最近、子どもの貧困が問題になっている。** 日本の子どもの貧困率は、13.9%(2015年)で、7人に1人が貧困状態にある。一日の食事が1、2回の子もいる。部活、塾通い、進学を諦め、洋服や靴を買う余裕はない。貧困家庭では、こうした「体験のはく奪」が起きている。大阪府の調査では、自尊心や意欲も奪っていることが判明した。したがって、貧困家庭の子どもには、経済的支援以外に、食事や学習支援も不可欠である。

改善例

> **貧困家庭の子どもは、経済的支援だけでは不十分で、食事や学習支援も不可欠である。** 日本の子どもの貧困率は、13.9%(2015年)で、7人に1人が貧困状態にある。一日の食事が1、2回の子もいる。また、部活、塾通い、進学を諦め、洋服や靴を買う余裕はない。貧困家庭では、こうした「体験のはく奪」が起きている。大阪府の調査では、さらに自尊心や意欲も子どもたちから奪っている。お金以外の支えも必要である。

パターン2　冒頭で結論を述べる

　結論がはっきりしている場合に、最初に結論から書くやり方です。

> ①結論
> ②理由説明
> ③データ・事例で裏付け
> ④結論を繰り返す

という構成にします。説得力のある組み立て方です。

　元の文は、身近な話題から入っています。テーマは伝えているものの、見聞きしたことを述べているにすぎません。

　続けて、貧困率の数字を示しています。こうしたデータはもちろん重要ですが、この段階では筆者の問題意識は読み手に伝わっていません。これに、貧困の具体例が続きます。事情を知らない読み手であれば、「それは大変だ」「そんな状態の子どもがいるんだ」と驚くでしょう。

　最後にようやく筆者の主張、すなわち経済的支援以外の支援の必要性が出てきます。ここで初めて読み手にも問題意識が伝わることになります。

◆ 冒頭に結論を置くことの効果

　これに対し、改善例の方は違います。最初に結論が置かれています。結論から書くと、先に種明かしをしてから説明するようで、読者の中には違和感を覚える人がいるかもしれません。

しかし、「経済的支援とは別に、食事・学習支援も必要だ」と投げかけられると、読み手にも、なぜそうなのかという疑問が生まれます。たとえば「お金があれば、食事や塾も解決するはずだから、経済的支援で十分なのでは？」という疑問です。そこに食事回数や「体験のはく奪」といった事実が出されることで、筆者の主張が補強されていきます。

　すると、読み手側にも、

「そうか、子どもらしい生活をするためには、金銭だけでは不十分なのか」

「お金を渡すと親の酒に消えていくという話を聞いたことがある」

「生活保護費をギャンブルにつぎ込んでいる人もいる」

といった考えも次々に生まれてきます。

　このようにして、書き手と読み手の**双方向の議論**が始まるのです。話題の出し方の順序を変えるだけで、論理の質レベルも大きく変わります。

コラム　学生はプレゼン上手!?

　2010年代の学生は、プレゼンテーション（発表）能力が高くなったと感じます。それより以前は、緊張して手に持った原稿を棒読みする学生が多かったのですが、今は原稿なしでプレゼンする学生もかなりいます。

　思春期をYouTuberと共に過ごしてきた彼らは、どうやって相手の関心を引くかという点を学んで、自分の発表に取り入れていると感じさせられます。

書き上げた 200 字の論理性を検証する

では、この章のまとめとして、レポート・論文的な題材の200字の例文による、見直しや改善をしてみましょう。「である」調で書かれた「食品ロス」についての論文です。まだ食べられる食材・食品が廃棄されるという社会問題です。

> 私はスーパーでアルバイトをしているが、陳列して一定の時間がたった食材、お惣菜や弁当を売り場から下げて廃棄している。食べ物は細かくして養豚の餌になるのだそうだ。日本の食品ロスは年間646万トンあり、世界食糧計画が行う世界の食糧援助量の2倍に相当する。生産から流通、家庭や外食で、毎日10トントラック1,770台分の食品を捨てているのだ。一人一人がもったいないという意識を持って削減に努めるべきだ。

この文章を内容的に分類したのが**右の図**です。

◆**主観的要素を排除し、話の順序を見直す**

この文章がエッセーであれば問題はありません。しかし、レポート・論文の記述であれば、自分の経験や伝聞は例にはなっても、根拠にはなりません。自分の体験談が、よりによって、最も重要な先頭に置かれてしまっています。

> 私はスーパーでアルバイトをしているが、陳列して一定の時間がたった食材、お惣菜や弁当を売り場から下げて廃棄している。食べ物は細かくして養豚の餌になるのだそうだ。 ── 経験・伝聞

> 日本の食品ロスは年間646万トンあり、世界食糧計画が行う世界全体の食糧援助量の2倍に相当する。生産から流通、家庭や外食で、毎日10トントラック1,770台分の食品を捨てているのだ。 ── 事実

> 一人一人がもったいないという意識を持って削減に努めるべきだ。 ── 意見

　筆者の言いたいことは最後の「意見」に書かれています。その意見の根拠となり、全体の話題に関わる大切な一文はどれでしょうか？

> 日本の食品ロスは年間646万トンあり、世界食糧計画が行う世界全体の食糧援助量の2倍に相当する。

　これが最も大切な一文で、具体的なデータを含む事実です。日本で年間どれだけの食品が廃棄されているかを示し、文章全体を貫く話題を表しています。この一文から書いて、全体を直してみましょう。

改善例

> 　日本の食品ロスは年間646万トンあり、世界食糧計画が行う世界全体の食糧援助量の2倍に相当する。生産から流通、家庭や外食で、毎日10トントラック1,770台分の食品を捨てている計算になる。生産段階で規格外のものが除外され、賞味期限の「3分の1」を過ぎると小売りに納入できず、廃棄に回る。小売りの売れ残り、外食の食べ残し、家庭での賞味期限切れも捨てられる。この捨てる仕組みを根本的に変える必要がある。

　この改善例を見た後で、元の文章と比べてみると、違いが分かると思います。元の文の段落の最初は、**段落内で最も重要な文**から始めるところを、自身のアルバイト経験で始めてしまっています。その中で廃棄物が養豚の餌として再利用されている話は、最後の意見「もったいない」とは矛盾した印象を読む人に与えます。

◆主張は常に裏付けとセットで

　もう一つ、注意してほしい点があります。それは、元の文の最後の「一人一人がもったいないという意識を持とう」という筆者の主張です。この主張をするためには、実は裏付けが必要です。つまり、これだけ食べられる食品を捨てていることを「もったいない」と思っている人の割合がどれだけいるか、「やむを得ない」と思っている人の割合はどれだけか、

そもそもこれだけ廃棄していることをどれだけの割合の人が知っているのかというデータです。そのデータがなければ、これは**主張(意見)**ではなく、単なる**感想**になってしまいます。

◆「200字単位」を体にたたき込もう

200字作文練習の主眼は、200字程度の各段落をよく締まった文章にすることにあります。そのためには、

> **①一つの段落に話題は一つだけ**
> **②最初の文には段落の核心を置く**

という2点を必ず守ります。
ただし、そのためには、
・論文の各段落の長さが200字程度に揃っていること
・それを段落ごとに見ていく時間的余裕
がまず必要です。
「書いていくだけで精一杯、見直しや調整なんて無理」という人もいるでしょう。そうであればなおのこと、最初の執筆から「200字程度に分けながら書いていく」ことを意識して習慣化すると、見直しも修正も楽になります。

◆200字トレーニングの副産物

200字のボリューム感をつかむと、プレゼンテーションやスピーチ、そして面接にも応用が可能です。
初対面でも聞き取りやすい話の速度は、300字／分前後と言われます。若者が親しい友人と話すスピードは600字／分を超えているので、およそ半分の速さを心がけると、

300字になります。

　つまり、1分間スピーチは約300字ということになり、盛り込めるテーマは一つです。5分間のプレゼンテーションは、5倍なので約1,500字です。段落は七つ入れられ、かなりまとまった話ができます。面接では1分以内で簡潔に話すことが求められます。つまり、200〜300字の内容を準備しておけば、伝えたいことを（一つだけ）確実に伝えることができます。

　これらの感覚をつかんでいると、おそらくいろいろな場面で役に立つと思います。たとえば、保護者会で「お子さんについて一人一言」、クラス会で「恩師に一言ずつ」などという機会はみなさんにあるはずです。

　私のゼミで200字の洗礼を受けた卒業生はみんな、「あの200字は役に立っています」と言ってくれます。

第6章
文章表現の向上Ⅱ
論理的で読みやすく仕上げる
20のポイント

調査や考察の内容を、正確に伝えてこそのレポート・論文です。文の細部を検証して読みやすくする方法を、20のポイントにまとめました。

1 「論理的」と「読みやすい」は一体である

◆ 難解な文ほど格調が高いのか？

200字作文で段落の構成を学びましたが、自己紹介など日常レベルの題材が中心の文章でした。「論文を書けるようになった気がまだしない」と思う方もいるでしょう。そこで、次の文を見てください。

> **例**
>
> 世上「大学全入」時代が到来したと言われているが、その指標とされている大学・短期大学の収容力（志願者数に対する入学受入れ規模の割合）は91％（平成19(2007)年度）に達し、志願者の殆どが大学へ入学しうるようになってきている。
>
> 中央教育審議会大学分科会 制度・教育部会(2009). 学士課程教育の構築に向けて(審議のまとめ), p3.

レポート・論文というと、専門用語を駆使し、硬い日本語で書かなければならないと思っている人が多く、この文章のようなイメージで捉えがちです。

最も大切なことは、**分かりやすく書くこと**です。読んで誤解を生まないことはもちろん、理解に時間がかかる難解な文章は、一種の悪文であり、避けるべきです。

上の例では、一般になじみの薄い「世上」（世間では）、「しうる」といった文語表現が使われ、副詞「殆ど」には常用外漢字が使われています。不確かな伝聞「と言われている」か

148

ら始まり、カッコ書きも多く、決して読みやすい文章とは言えません。書き直すと次のようになります。

> **例**
>
> 　志願者数に対する入学定員数の割合である収容力は、大学・短期大学では、平成19（2007）年度に、91％に達した。つまり、志願者のほとんどが大学に入学できる状況で、「大学全入」時代が到来している。

同じ内容でも、読んですぐ分かる文章になりました。

◆ 論理的とは、理屈っぽいということではない

　レポート・論文は、**論理的に書く**必要があります。論理的とは、理屈っぽいということではなく、話の筋道が通っているということです。いくつかの事実から、次の事実や、結論が言えるということです。

　本章では、最優先事項として、全体の論理性の確認方法と、改善の手がかりをまず述べます **(point 1・2)**。それ以降で、自然な言葉で分かりやすい文を書くためのテクニックを順に取り上げます。通し番号で1〜20のpointを、順に押さえていきましょう。

point 1 筋道が立っているかどうか点検する　基本

　筋道とは、最初に立てた「問い」から結論に至る論理の過程です。これを検証するには、結論から逆に考えていく方法が有効です。

　下図のように結論を一番上に置き、「なぜ？」「根拠は？」と自問していきます。自分に問いかけることで、根拠が適切かどうかをもう一度チェックします。

結論

⇩

なぜそう言えるのか？ 根拠は何か？

⇩

問い
前提

　問いの下には「前提」を改めて置きます。レポート・論文では、問いに先立つ前提（研究開始時点で分かっていること）があるはずです。すでに分かっていたことを、自説のように述べていないか、確認することに役立ちます。

　この検証の詳しい作業例（裁判員裁判）を、**巻末資料208〜209ページ**に紹介しています。

point 2　筋道が立っていないときの対策　基本

point 1の方法で遡り、組み立てがうまくいっていないと分かったら、次のどれかに該当していないか確認します。

チェックポイント

①結論が漠然としている
②結論を導き出す理由（論点）が一つしかない
③根拠となるデータ・資料が一つしかない（それしか見つからなかった場合を含む）
④結論よりも、問いの方が広い（例：裁判員制度をよりよいものにするにはどうすればよいか）

筋道が立たない要因は、結論が漠然としている①の場合がほとんどです。そこには、②〜④も関連しています。特に資料やデータが不足している（③）と、明確な結論になっていないはずです。テーマや自分の問いの周辺を含めて、資料や先行研究を調べ直してみることが必要です。②、③が解決すると、④の問いも変化し、結論が次第に明確になってきます。

以上、point1と2は、文章の推敲の前に必ず点検すべきこととして、冒頭に置きました。論理的に筋が通っていない文や、研究内容が伝わらない文章を磨いても、論旨の弱さは改善されないからです。

point 3 文体を「である」調に統一する 　基本

　文体とは、常体と敬体です。レポート・論文は原則として「である」調（常体）で書き、「ですます」調（敬体）を混在させません。

例

> 西日本に集積する繊維産業が成長を続けている。スポーツウェア、再生医療、さらに宇宙まで市場が広がっています。
> 　→いる。（「である」調に統一）

　なお、引用部分に敬体が含まれるケースには注意する必要があります。次の例を見てください。

例

> ⓐアンケート調査で、仮設住宅に住む被災者の約8割が「人とのつながりが大切です」と回答した。
> ⓑアンケート調査で、仮設住宅に住む被災者の約8割が「人とのつながり」が大切ですと回答した。

　ⓐは正しい用法です。発言を「　」で示した直接引用なので、そのまま（「ですます」調のまま）記載しています。
　ⓑは誤りです。「　」の外側は引用ではなく自分の論文本文ですから、「である」調にします。したがって、下線部をだと直し、「大切だ」とします。

> **point 4** 段落冒頭は1字下げ、
> 段落間に空白行を作らない　　　　基本

　第5章では段落作りの話をしましたが、ここでも引き続き「段落のマナー」を強調しておきます。実際、数多くのレポートに目を通していると、行頭の1字下げをしていないミスと、段落ごとに区切りの空白行を入れているケースをよく目にします。

例

> <u>まず</u>、競技スポーツにとって「勝つこと」は目的の一つにすぎない。確かに、勝利のために練習を積み、勝つための戦術もある。スポーツでは「心技体」と言われるように、精神面、技術、身体能力を勝てるレベルに上げなければ、勝利はできない。
>
> <u>次に</u>、競技スポーツを行う者が守るべき態度として、スポーツマンシップが挙げられる。競技に参加する者は、ルールを尊重し、相手に対する思いやりや敬意を払う態度がなければならない。

　　→「まず」と「次に」をそれぞれ1字下げる
　　→段落と段落の間の空白行をなくす

　章と章の間は2行空けるか、改ページします。節の前は通常1行空けます。

point 5 　一つの話題で1段落。段落内は改行しない 基本

　段落は「ひとまとまりの話題」なので、むやみに改行しません。

> 例
>
> 　次に、競技スポーツを行う者が守るべき態度として、スポーツマンシップが挙げられる。
> 　競技に参加する者は、ルールを尊重し、相手に対する思いやりや敬意を払う態度がなければならない。ラグビーの試合終了を「ノーサイド」と言うのは、敵・味方の区別をなくし、同じ仲間になることを意味する。
> 　このスポーツマンシップの精神こそ、スポーツが勝敗だけではないことを端的に表している。

　上の例は3段落から成り立っています。しかし、三つの話題を述べているわけではありません。どの段落も話題は「スポーツマンシップ」です。この文章はすべてつなぎ、一つの段落にします。

> 注意
>
> 近年、一般実用書、インターネットのページでは、改行も多く、段落間の1行空けもよく目にします。しかし、レポート・論文では、一つの話題の途中で改行はしません。

point 6 口語表現を用いない　　テストあり

　言葉には、主に会話でのみ使う話し言葉（口語表現）と、文章で読むため使われる書き言葉があります。区別は難しいですが、レポート・論文ではできるだけ話し言葉を使わないように留意します。

　次の問題文を読んで、話し言葉がどこにあるか、探してみてください。それを適切な書き言葉に改めると、どうなるでしょうか。解答は巻末にあります。

問

　現地調査をやってみて分かったことを、ここでざっくりまとめておきたい。

　観光客が減少し、街のにぎわいが失われていく中、立ち上がったのは旅館や商店の若い経営者たちだった。やるんだったら、とことんやろうと、個々の旅館や店舗の垣根をなくし、街の中心で休日の企画をどんどん行った。すると、街にすごい変化が起きた。旅館の部屋に留まっていた観光客が街に出るようになり、活気が戻ってきた。温泉地の中心に屋台が並べば、客はすぐに来れて食べれる。温泉以外に企画目当てのファミリー客が増え、イベント的にも成功を収めたと言える。若手経営者の代表を務める橋本さんは、やっぱりちゃんとお客さんに向き合うことが大切だと言う。とりあえず調査の概要は、以上である。

解答は 214 〜 215 ページ

point 7　長い一文は二つ以上の文に分割する

まず、次の例文を読んでください。

> **例** 元の文
>
> 　雑誌・書籍の販売金額は、1996年の2兆6,564億円をピークに下がり続け、2018年にはピークの半分以下の1兆2,800億円に落ち込んだが、2018年の電子書籍市場規模は、約2,800億円と推定されるものの、電子書籍は、紙の出版物の販売減少分を完全に補っていない。

　一文が長いというのは、字数の多さだけではありません。主語と述語からなる単文が、複数つながった重文は、複数の文に分割した方が分かりやすくなります。上の例の後段は、「電子書籍市場規模は……推定される」と「電子書籍は……補っていない」という別々の主語と述語を持つ単文が一つの文になっていることが分かると思います。これを、手直ししてみましょう。

> **例** 手直し後
>
> 　雑誌・書籍の販売金額は、1996年の2兆6,564億円をピークに下がり続け、2018年にはピークの半分以下の1兆2,800億円に落ち込んだ。2018年の電子書籍市場規模は、約2,800億円と推定される。しかし、電子書籍は、紙の出版物の販売減少分を完全に補っていない。

三つの文に分けたことで、内容が分かりやすくなりました。

◆「～ですが」を書く人は要注意

文を「～ですが」と始める人は、多くいます。「私が言うべきではないかもしれないが」「私は専門家ではないが」「これまで実験の方法について詳細に説明してきたが」という表現です。こうした前置きは長文につながります。

point 8　主語と述語を一致させる

point7 に関連して、接続助詞でつながる長い文の中には、主語と述語が対応していないものがあります。次のような修正方法があります。

| 高齢者の体力作りは早急に取り組むべき課題であるが、自分は大丈夫だと<u>過信している</u>。 |

| 主語が途中で変わったので、二つの文に分ける |

| 文後半の主語は「高齢者」 |

| <u>高齢者の体力作りは早急に取り組むべき課題である。</u>
<u>自分は大丈夫だと過信している高齢者は多い。</u>
と直す。 |

point 9　文末をあいまいにせず、できるだけ言い切る

例

インフルエンザ流行による休校措置は、現在より早めた方が<u>いいかもしれない</u>。／<u>よいのではないだろうか</u>。

→<u>よい</u>。（できるだけ言い切る）

例

インフルエンザ流行による休校措置は、現在より<u>もう少し</u>／<u>やや</u>早めた方がよい。

→１日（「もう少し」「やや」は具体的ではない。日数を具体的に書く）

例

学費免除等の経済的支援を受けているのに、貧困家庭の高校・大学進学率は以前より上がっていない。これまで考察してきたように、経済的支援に加えて学業面の支援が重要である。国も、学業支援を積極的に推し進めるべき<u>ではないだろうか</u>。

→である。

　いずれも、断定や提案が弱めで、レポート・論文には不適な例でした。それではどのような語で書けばよいのでしょうか。述部のバリエーションを次の **point 10** で紹介します。

point 10　レポート・論文にふさわしい述部を使う

　文末で、ついあいまいな言い方になってしまったり、各文すべて同じパターンになってしまうという方がいると思います。レポート・論文に適している述部のバリエーションを、パート別に紹介しておきます。

パート		ふさわしい述部
序論		述べる、論じる、明らかにする、提案する、検証する
本論	実験・調査	(実験やアンケート調査などを) 行った、測定した
	分析	分析した、有意であった、(傾向・増減が) 見られた、妥当である、〜の傾向がある
	本論の結論	明らかになった、分かった、確かめられた、妥当である、〜と言える、〜と考えられる、〜と思われる
結論		これまでの考察で〜、明らかになった、分かった、確かめられた

　述部で同じ表現を繰り返すと、読み手にくどい印象を与えてしまいます。上の表を参考に、表現に変化を付けましょう。

point 11　推測を事実のように記さない

例

　ファンは、SNS 上で常に情報を共有している。この発言は、またたく間に SNS 上で拡散し、本人のツイッターには非難の書き込みが殺到し、文字通り「大炎上」になった。①所属事務所もこの騒ぎを察知したことは間違いない。発言から 4 時間後に、本人による謝罪会見が開かれた。②このように事務所ができるだけ早期に対応したことで問題に対処できるのである。

　点線部①は、可能性は高いとしても、根拠が示されていない以上、あくまで「推測」です。ところが、点線部②は、推測を基に「事実」として書かれています。

point 12　個人の経験を一般的な事実のように記さない

例

　高校時代、私が所属したバスケットボール部でも、練習に 1 人遅刻しただけで、その学年は「連帯責任」で全員で連続ダッシュをさせられた。このように、日本の団体競技では、個人のエラー（過失）が全体の責任になる。

　筆者個人のバスケ部での「経験」が、団体競技共通の現象として、一般化された「事実」になっていて、論理が飛躍しています。

point 13 修飾語は被修飾語のなるべく直前に置く

> **例**
> 美しき水車小屋の娘

　水車小屋の建屋が美しいのであれば、このままでOKですが、違いますね。「水車小屋の美しき娘」と語順を置き換えることで、美しいのは娘だということが誤解なく伝わります。ちなみにこれは、ウィーンで活躍した作曲家フランツ・シューベルトの歌曲のタイトルです。原題のドイツ語では、「水車小屋の娘」は一語で、「美しい」は娘を修飾しており、誤解は生じません。

　係り受けは、ほとんど前後の関係から理解できますが、修飾語は被修飾語の直前に置くことで誤解を避けることができます。

> **例**
> 無責任な担当者の説明に、住民は怒りをあらわにした。

①「担当者」が無責任なのか？	②「説明」が無責任なのか？
↓	↓
担当者が無責任であれば、上の例のままでもよい。	担当者の無責任な説明に、住民は怒りをあらわにした。

point 14 句点を正しく使う

句点（。）のルールは次の通りです。

①文の終わりに付ける

②カッコで引用した会話や、引用文の最後の文には、カッコ内で句点を付けない

例

> 原告の弁護団は、「被害者救済への第一歩だ」と判決を評価した。
> 川島が行った調査によると、「毎日SNSに触れる生徒は、1時間ごとに1教科平均5点下がる」という。

③カッコの引用で文を終える場合はカッコ外に句点を付ける

例

> 川島によれば、「毎日SNSに触れる生徒は、1時間ごとに1教科平均5点下がる」。

④文が「？」「！」で終わるときは句点を付けず、記号の後は1字空ける。ただし、記号の後がカッコのときは、1字空けない。

例

> 教育委員会から通知を受けた両親は、「まさか？　アンケート結果を無視するとは！」と驚いたという。

point 15 読点と中点を適切に使う

◆読点（、）の使い方

①文章で、誤解されるおそれのあるところに打つ

例

> 私は国会会期中に与党が提出した法案を検討した。

> 私は、国会会期中に与党が提出した法案を検討した。

> 私は国会会期中に、与党が提出した法案を検討した。

　読点を打つだけで、「国会会期中に」行ったことが明確になります。上の文では、「提出した」ことで、下の文では「検討した」ことだと分かります。

②語句を列記する場合に打つ

例

> 本店、支店、ショッピングモール内のブースで受け付ける。

③長い主語の後に打つ

例

> 日本学生支援機構から奨学金を受けている人は、学生の 2.7 人に 1 人の割合でいる。

④接続詞の後は、原則として打つ

> 例

> しかし、この制度では条件が厳しく、必要とされる人に援助がなかなか届かない。

◆中点（・）の使い方

なかてんと読みますが、中黒（なかぐろ）とも言います。

①単語を列記して、組み合わせやグループを表す

> 例

> 政治経済・地理・現代社会から１科目選択
> ラジオ・テレビの視聴時間

②カタカナ表記の外国人の姓名を区別する

> 例

> ヴォルフガング・アマデウス・モーツァルト
> グスタフ・クリムト

余談になりますが、漢字の名前表記では、中国・唐の詩人、李白を「李　白」のようにスペースを空けて書きません。日本語でも、「林修」と書きます。引用ではなく、インタビューで「小鳥遊一」のように、「小鳥遊（たかなし）」か「小鳥（おどり）」かを区別したい場合は、「小鳥遊一（たかなしはじめ）」とカッコ書きにします。

point 16　体言止めを使わない

　体言止めとは、文を体言（名詞・代名詞）で終わらせる表現方法です。テレビのテロップや映画字幕の影響のためか、体言止めを使う人は多用する傾向があります。

例

長崎県五島列島。眼前にきれいな海と島が広がる。8月5日。ここに香港から一人の男がやってきた。

→ 長崎県五島列島は、眼前に……。8月5日、ここに……。

　体言止めは、短い表現でインパクトがあり、余韻を残します。しかし、point10でも述べたように、レポート・論文は、述部で明確に言い切ることが重要です。主観をできるだけ排して書く文章に、効果を高める体言止めはふさわしくありません。体言止めを多用すると、乱暴な叙述の印象を与えます。

point19と関連

コラム　数え方のバリエーション

　日本語は、一膳、一筆など数字に付ける接尾辞が驚くほど豊かです。魚は泳いでいるときは「匹」、水揚げされると「尾」になり、売り場では「本」や「枚」になります。数え方から日本人の歴史、生活が分かる本として、飯田朝子（2004）『数え方の辞典』（小学館）があります。

point 17　敬語表現や敬称を本文に使わない

例

作者の村上春樹氏は、そこで興味深い意見を述べておられる。

→ 作者の村上春樹は、そこで……述べている。

例

漫画家荒木飛呂彦先生によれば、基本構造は四つあると言う。

→漫画家荒木飛呂彦によれば、……

point 18　読み手に問いかけない・話しかけない

例

炭素税という言葉を耳にしたことがあるだろうか。

→ 炭素税という言葉をよく耳にする。

例

ここまで読んできたら、もうお分かりだろう。その通り、循環させれば二酸化炭素の削減につながるのである。

→ 考察の結果、循環させれば二酸化炭素の削減につながることが分かった。

point 19　数字を適切に書く

①算用数字を使う

　漢語の数詞「いち、に、さん」と「個、時間、人」などの接尾辞の組み合わせは、算用数字を使います。

- 年月日（2019年5月1日）　・個数（8個のセンサー）
- 時間（2時間で）　　　　　・人数（1チーム5人で）
- 分数（本文では「4分の3」と書く）
- 1万以上の数字には、本文では万、億などの単位を付ける。
「会に4万5000人が集まった」「被害額は4億5000万円」

◎ただし、企業の決算の表などでは、数字に単位を付けない。

売上高（百万円）	営業利益（百万円）	経常利益（百万円）
3,620,000	375,000	355,000

　本文で書く場合は、「売上高は<u>3兆6200億円</u>であったが、営業利益、経常利益とも前年より減少した」と書く。

②漢数字を使う

- 固有名詞（団体名、学校名、駅名など）
　　法政大学第二高等学校、本郷三丁目駅
- 熟語や慣用句
　　四面楚歌、第三者委員会、一人っ子※
　　（※「発起人の1人は」のように通常は算用数字）
- 和語（日本古来の数え方）
　　一つ、二つ、三つ……九つ

point 20　漢字・ひらがなを適切に書き分ける

　常用漢字表にあるものは、原則、漢字で表記します。どれが常用漢字であるかは、国語辞典で調べます。常用漢字外の漢字を使う場合は、ルビ（ふりがな）をひらがなで振ります。

①常用漢字を正しく使う
　つぎに、表から以下のことがわかった。
　　→次に、表から以下のことが分かった。

②常用漢字外の語にはルビを振る
例）少しも躊躇(ちゅうちょ)することなく、改革に着手したことが成功の要因の一つである。

③形式名詞はひらがなで書く
こと（事）：その事が判明した→そのことが判明した
とき（時）：流行していた時→流行していたとき
ところ（所）：この所の猛暑→このところの猛暑
うち（内）：参加者の内→参加者のうち
もの（物）：文明その物である→文明そのものである
わけ（訳）；そのような訳で→そのようなわけで

　次の表は、新聞記事や出版社などで広く使われている表記の一例です。レポートでよく見かけるものを集めてみました。新聞社や出版社は、独自に表記法を定めていますが、それらの元になっているのが、共同通信社『記者ハンドブック』で

す。「経済関係複合語」「外来語」「国名表記」「商標登録」「計量単位」まで詳しく載っています。

■主な表記基準

使われない・使い分けるもの	使われるもの
未だに	いまだに
言わば	いわば
所謂	いわゆる
ヶ月（ヶは略字）、箇月	カ月　例：法律施行から1カ月
下さい／ください	①例：時間を下さい　一つ下さい ②例：お待ちください　集合してください
事	こと 例：市場が縮小することを意味する
様々	さまざま
人気／人け	①例：観光客に人気の商品 ②例：人けのない商店街
但し	ただし
他人事、人事	人ごと（または、ひとごと）
～したとおり（とうりは誤り）	～した通り
1つ目、2つ目	一つ目、二つ目
一人歩き／独り歩き	①例：夜道の一人歩き ②例：言葉の独り歩き
物／もの	①例：何か物が当たったような　物静か、物心（熟語） ②例：比べものにならない　設定そのものが
わかったことは	分かったことは

※詳しくは、共同通信社編著（2016）. 記者ハンドブック：新聞用字用語集. 第13版, 共同通信社. を参照してください。

日本語の表記、漢字を正しく使う（テスト）

　語句の意味はすべて分かっても、漢字の使い分けは難しいものです。間違いやすいものを集めて、問題形式にしてみました。違いについて、この機会に確認してみましょう。

［解答は 216 〜 218 ページ］

表記

正しいものを一つ選んでください。

(1)
　ⓐそう考えるのも、やもうえない
　ⓑそう考えるのも、やむおえない
　ⓒそう考えるのも、やむをえない

(2)
　ⓐこれまで考察してきたとおり
　ⓑこれまで考察してきたとうり

(3)
　ⓐ耳障りな話
　ⓑ耳触りのよい話
　ⓒ耳障りの悪い言葉

(4)
　ⓐこの計画は見送られる公算が高い
　ⓑこの計画は見送られる公算が大きい

(5)
　ⓐあわや大惨事になるところだった
　ⓑあわやホームランになる一発だった
　ⓒあわや世界新というレース展開だった

漢字　初級編

正しい漢字を一つ選んでください。

(1)
　ⓐ早くホテルの部屋をおさえる（押さえる，抑える）必要がある。
　ⓑ政府は、デモをおさえ（押さえ，抑え）ようとしていた。
　ⓒ怒りはできるだけおさえる（押さえる，抑える）ようにしている。

(2)
　ⓐ監督の一言がチームの空気をかえた（変えた，替えた，換えた，代えた）。
　ⓑ監督は、ピッチャーをかえた（変えた，替えた，換えた，代えた）。
　ⓒ監督は、部屋の空気をかえた（変えた，替えた，換えた，代えた）。

(3)
　ⓐ火のまわり（回り，周り）が早かった。
　ⓑ会場をひとまわり（回り，周り）してみた。
　ⓒ会場のまわり（回り，周り）は、厳重に警備されている。

(4)
　ⓐレストランには、かいほうかん（開放感，解放感）のある空間が広がる。
　ⓑレストランで、休日のかいほうかん（開放感，解放感）を味わった。
(5)
　ⓐ国民は、法のもと（元，下，基）に平等である。
　ⓑ道路建設のもと（元，下，基）になった資料がある。
　ⓒ道路建設がもと（元，下，基）で、川からホタルが消えた。

漢字　中級編

正しい漢字を一つ選んでください。
(1)
　ⓐ市では、パンフレットをさくせい（作成，作製）して配布し、注意を呼び掛けている。
　ⓑ市では、ホームページをさくせい（作成，作製）し、注意を呼び掛けている。
(2)
　ⓐ敵の動きをかんち（関知，感知）した。
　ⓑ当社は、A 社の動向についてはかんち（関知，感知）しておりません。
(3)
　ⓐ彼は 33 年間会社で事務をとった（取った，採った，執った，撮った，とった）。
　ⓑ検査のため、血液をとって（取って，採って，執って，撮って，とって）きてください。

ⓒそのやりとりをとった（取った，採った，執った，撮った，とった）映像がこちらです。

ⓓそのやりとりをとった（取った，採った，執った，撮った，とった）音声を入手した。

ⓔもっと食べて栄養をとった（取った，採った，執った，撮った，とった）方がいい。

(4)

ⓐ次の試合には強気でのぞむ（望む，臨む）。

ⓑ彼の再起を心からのぞむ（望む，臨む）。

ⓒホテルからは遠くに富士山をのぞむ（望む，臨む）。

(5)

ⓐ文部科学省は、その規則を全面かいてい（改定，改訂）した。

ⓑ文部科学省は、方針をかいてい（改定，改訂）した。

ⓒ文部科学省は、省令の文言をかいてい（改定，改訂）した。

漢字　上級編

正しい漢字を選んでください。

(1)

ⓐ法律により、最低時給 1,000 円がほしょう（保証，保障，補償）される。

ⓑあなたの安全は、ほしょう（保証，保障，補償）する。

ⓒ万一の事故でも、ほしょう（保証，保障，補償）される。

ⓓ最低限の生活は、ほしょう（保証，保障，補償）される。

(2)
　ⓐ「である」調と「ですます」調が、まざって（混ざって，交ざって）いる。
　ⓑ不安と期待がまざって（混ざって，交ざって）いる。
(3)
　ⓐエレベーターでのぼる（上る，昇る，登る）。
　ⓑ階段をのぼる（上る，昇る，登る）。
　ⓒ天守閣にのぼる（上る，昇る，登る）。
　ⓓ話題にのぼる（上る，昇る，登る）。
　ⓔ日がのぼる（上る，昇る，登る）。
　ⓕ演壇にのぼる（上る，昇る，登る）。
　ⓖ出世コースをのぼる（上る，昇る，登る）。
(4)
　ⓐこの料理には、スパイスがきいて（効いて，利いて）いる。
　ⓑこの料理は、スパイスをきかせて（効かせて，利かせて）いる。
(5)
　ⓐ彼の決意はかたい（固い，堅い，硬い）。
　ⓑ緊張のあまり、表情がかたい（固い，堅い，硬い）。
　ⓒこの景気で、財布のひもがかたい（固い，堅い，硬い）。
　ⓓこのチームの優勝はかたい（固い，堅い，硬い）と見る。
　ⓔこの材木は、かたい（固い，堅い，硬い）。

解答は216〜218ページ

第 7 章
引用・参考文献を正しく取り扱う

執筆に役立った資料の情報を記載します。漏れや誤りがあると評価も受けられないこととなります。

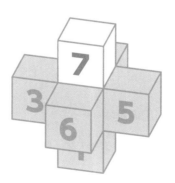

文献などを正しく引用する

　引用は、レポート・論文を書く際の必須技術です。問題解決のため、先行研究や統計資料を活用することで、新たな成果を生み出すことができます。また、レポート・論文を読んだ人が、引用された元の情報にたどり着けることも必要です。引用の方法は、学問分野で若干異なりますが、共通する二つのルールがあります。

◆ 引用の二つのルール

①引用が分かるように書く
　・直接引用する
　・要約して引用する
②引用元（出典）を示す
　・本文と参考文献で書く方法
　・注を使う方法

◆ 直接引用の基本——「　　」で示す

　最も基本的な引用方法です。最初はこの方法で引用するようにしてください。
　例として、湯浅誠『反貧困：「すべり台社会」からの脱出』という書籍から引用する場合を考えてみましょう。

引用したい元の文

> これまで述べてきたことを踏まえて、私は貧困状態に至る背景には「五重の排除」がある、と考えている。[14]

代表的な引用方法で、この文を引用してみましょう。

①著者名のみ引用する
例）湯浅は「貧困状態に至る背景には『五重の排除』がある」と述べている。

②著者名＋発行年で引用する
例）湯浅 (2008) は「貧困状態に至る背景には『五重の排除』がある」と述べている。

③著者名＋発行年＋ページで引用する
例）湯浅 (2008, 60) は「貧困状態に至る背景には『五重の排除』がある」と述べている。

◆直接引用における表記ルール

・引用は部分でもよい。引用箇所を「　」でくくる。引用する文中の「　」は『　』にする。欧文では、" " と ' ' を使って引用する。
・原文の表記の通り引用する。

---

[14] 湯浅誠 (2008). 反貧困：「すべり台社会」からの脱出．岩波新書, p. 60.

・引用末尾の「。」(句点) や「.」(ピリオド) は通常省く。
・著者名に「さん」「氏」「教授」「先生」などの接尾語はつけない。著者が複数名いる場合は、「山田・坂下・岡」のように「・(中点)」でつないで書くか、「山田ほか」のように「ほか」で表記する。

なお、表記方法は、本文の途中では変えず、全文を同一の方法で通します。

◆ 長文を直接引用するときの処理

必要な引用箇所が長い場合、2字下げて書きます。さらに、前後を1行空けます。字のポイントを下げる場合もあります。文学研究や歴史研究などの論文で、資料を示して分析を行う場合に使われます。レポートでは、不必要に長い引用は字数稼ぎと見なされます **[180ページ参照]**。

> ちなみに、『今昔物語』の作者像について、芥川龍之介が示した見解にも、色の概念が登場するので紹介する。
>
> 　1行空ける
>
> 　『今昔物語』の作者は事実を写すのに少しも手加減を加えていない。これは僕等人間の心理を写すにも同じことである。もっとも『今昔物語』の中の人物は、あらゆる伝説の中の人物のように複雑な心理の持ち主ではない。彼らの心理は陰影に乏しい原色ばかり並べている。しかし今日の僕等の心理にも如何に彼らの心理の中に響き合う色を持っているであろう[15]。
>
> 　1行空ける

◆ 要約して引用する場合（中・上級者向け）

「　　　」を使わず、内容を要約して引用する方法です。書籍・記事・論文の全体または一部の要旨を短く書く場合に使われる高度な引用方法です。

> 湯浅誠は、著書『反貧困』の中で、正規のコースを一度外れると、社会の底辺まで一気に滑り落ちてしまう社会を「すべり台社会」と名付け、三つのセーフティーネットの機能不全を指摘した[16]。

引用は、**177 ページ**で紹介した**直接引用**が基本です。要約して引用するのは、直接引用のやり方を習得してからです。なお、要約した引用は、出典を示さないと剽窃（盗作）となるので、注意が必要です**［180 ページ参照］**。

◆ 引用の際の注の付け方

注は、引用元を示すためのものです。これ以外に、本文の字句について注釈する場合にも使われます。

注をつける作業はワープロソフトの機能を活用すると便利です。MS-Word であれば、「参考資料」メニューを開き「脚注」「文末脚注」の項目から作成できます。その脚注は、文章の順を入れ替えたり、注を追加・削除しても、自動で正しい番号となります。

---

[15] 芥川龍之介（1971）."今昔物語に就いて". 芥川龍之介全集，第 5 巻．筑摩書房，p.127,（筑摩全集類聚）.
[16] 湯浅誠 (2008),

2 剽窃（盗用）になっていないか検証する

◆ 剽窃は何がいけないのか

剽窃とは、**①他人の書いたものを、②引用ではなく、③自分の書いたもののように書く**ことです。インターネットからの大量のコピペ、他人のレポートの大半または全部、他人の実験データをそのまま使うなどのケースがあります。語尾や用語を書き換えても、内容や主旨がほぼ同じなら、剽窃、つまり盗用（著作権侵害）にあたります。

現在、多くの大学が剽窃検知ソフトを導入しています。ネットからの無断引用、先輩の出したレポートを基に修正したもの、クラスメートのレポートの表現を多少変えたものでも検知して、内容の同一性を判断します。

当然、他人の書いたものを自分のもののようにして提出されたものは、評価の対象にはなりません。

◆ 長大な引用は好ましくない

レポート・論文では、**あなたの書いた部分が主**で、**引用は従**でなければなりません。残念なことに、本論の大部分が引用からできているレポートが散見されます。文献の引用をつなぎ合わせて、それに自分の意見を付け加えただけの「寄せ集め型」レポートです。

引用は、あなたの論証を補強、下支えするものです。引用は、本文のおおむね **3 割を超えない**ようにしましょう。不必要に長い引用は、字数稼ぎと見なされます。

 参考文献の書き方

◆ 書誌情報を書く

　参考文献とは、レポート・論文を書くにあたって、**引用・参照した情報**のリストです。レポート・論文のどこかで引用、または言及したものに限られます。構想を考えているときに読んだが、引用などをしていないものは除きます。

　個々の文献の基本情報を書誌情報といい、次のような要素があります。

> ■書誌情報とは
> ・著者・編者（誰・どの団体・省庁などが作成したのか）
> ・題名・副題、掲載誌など
> ・出版した会社、公共団体など
> ・現在の版が最初に出版された年
> ・インターネットであれば、URL

　情報の形式別の書誌情報の掲載位置は以下の通りです。

①図書・雑誌

　和書であれば、終わりにある、著者や発行者・発行年月日を印刷した奥付の情報が、書誌情報です。

　洋書は、中にあるタイトルを書いたページの裏にある情報が、書誌情報です。

　次ページの図のように、表紙では語順が分かりにくい題名も奥付で分かります。出版年は 2013 年です。

■**書籍表紙サンプル**

正式名称の語順が分かりづらい例です。

■**書籍奥付サンプル**

ここに書いてあるタイトルが正式です。略さずフルに表記します。

② 新聞記事

　新聞紙名、発行年月日、版（東京版、14 版など）、朝夕刊の区別、ページ、面を記します。

③インターネット

　Webサイトのタイトル、URL、自分が最終でアクセスした年月日を記します。

◆ 参考文献の表記方法

　参考文献の表記について、標準的な書き方はありません。しかし、どの表記方法でも、書誌情報はきちんと記載することになります[17]。学問分野によって書き方が異なりますので、論文を書く際には、指導教員などに相談してください。

①書籍の例

```
ショースキー，カール・E.（安井琢磨訳）（1983）．
　原著者名(姓を先に)　　　　　　訳者名　　　　　発行年
世紀末ウィーン：政治と文化．岩波書店
　タイトル：(コロン)副題　　　　出版者
```

②雑誌の例

```
山岡重行・風間文明（2004）.被害者の否定的要素と量刑判断.
　　著者名※　　　　　　　発行年　　　　　　論文タイトル
法と心理, 3（1），p.98-110.
　掲載誌　　巻(号)　　　掲載頁
```

※編著者が複数の場合は「山岡重行ほか」としてもよい。

---

[17] 本書では、科学技術振興機関（JST）による「科学技術情報流通技術基準の参照情報」（SIST02）および藤田節子（2009）．レポート・論文作成のための引用・参考文献の書き方．日外アソシエーツ．を参照しました。出版年はカッコ書きしています。

③新聞の例

朝日新聞（2015）.「裁判員裁判、何のため」：死刑破棄、
　新聞紙名　　発行年　　　　　大見出し　　　　　　小見出し
遺族は憤り　最高裁判断. 2月5日, 朝刊, p.31.
　　　　　　　　　　　　　掲載日　　朝夕刊　掲載頁

④政府公式文書の例

・冊子の例

文部科学省（２０１７）. 小学校学習指導要領（平成29年
　編著者　　発行年(西暦で)　　　　　　タイトル
告示）解説：国語編. P.33.
　　　　　副題　　引用頁

・Web上にあるpdfの例

http://www.mext.go.jp/component/a_menu/education/
　　　　URL
micro_detail/__icsFiles/afieldfile/2019/03/18/

1387017_002.pdf（2018年12月26日アクセス）
　　　　　　　　　　　　　アクセス年月日

⑤論文（英文）の例

Carlsmith, K. M., Darley, J. M., & Robinson, P. H. (2002).
　　　　　　　　著者名　　　　　　　　　　　　　　発表年
Why do we punish? :Deterrence and just deserts as
　　論文タイトル　　　　　　　副題
motives for punishment. Journal of Personality and
　　　　　　　　　　　　　　　　　掲載誌名
social Psychology, 83, p.284-299.
　　　　　　　　　　号数　　掲載頁

 書き上げたレポート・論文の見直し

◆ 最初から最後まで必ず読んでみる

原稿が完成したら、必ず通読します。私の経験では、通読していない人がとても多いです。誤字・脱字以外に、節が「1、2、4、5」となっていたり、推敲の途中で削除し忘れて「これまでの考察で、ここまで検討してきて、分かったことは……」となっているようなケアレスミスが目立ち、もったいない話です。

論証が十分かどうかという見直しは、専門家でも判断が難しいため、初級者の方は主に形式面でのチェックをするようにしましょう。

◆ 長々しい経緯説明などはまとめ直す

本論を「問題の概要」「これまでの経緯」「○○の歴史」で始めるレポート・論文がよくあります。たとえば論題が、「裁判員制度の問題点」であれば、「裁判員制度とは何か」「これまでの裁判員裁判の経過」といったタイトルで1章を割くようなケースです。

概要や経緯は、本論ではなく、むしろ序論で要点をまとめて書くようにします。

形式のチェックと合わせて、本論がこのような記述でなかなか問題点に入っていかない状態なら、今からでも遅くありません、適切な長さにまとめ直して序論に移しましょう。

ケアレスミスを防ぐためのチェックリスト
初心者用・必ず行ってください *check!*

①段落のチェック
- [ ] 段落の最初は全て1字下げになっているか
- [ ] 段落の最初の文だけを読んで全体の流れが理解できるか

②引用部分のチェック
- [ ] 原文通りに一字一句正しく入力されているか
- [ ] 引用箇所に「　　」が付いているか
- [ ] 引用に注が付いているか
（レポートなら注を付ける場合のみ。論文は必須）
- [ ] 図表の引用は適切に行われ、本論の中での役割を果たしているか

③ページ番号のチェック
- [ ] ページ番号を本文下のフッターに付けたか
- [ ] ページ番号は表紙の次が1となっているか

④参考文献リストのチェック
- [ ] 使用した参考文献の記載漏れがないか
- [ ] 参考文献の記載方法は適切か
- [ ] インターネット情報のアクセス日を書いたか

このチェックリストは、形式面の最低限のものです。
必ず、**提出前に全てにチェックが入る**ように確認してください。

5 レポート・論文はどのように評価を受けるのか

レポート・論文には、形式や体裁にさまざまなルールがあることが分かりました。

本書はあくまで、「自分の問いと答えを探求する際の助け」となることを目指しています。でも課題であるからには、どこがどう評価されるのかは気になるところでしょう。

◆ スタンダードな評価方法──ルーブリック式

ルーブリックとは、学修成果を評価する基準を示したものです。米国で開発されたもので、通常は、達成レベルと各レベルの特徴が書かれた表になっています。学位授与や各教科、レポート・論文の評価基準をあらかじめ示すことによって、学生にも達成すべき内容が明確になるという長所があります。

2012年に中教審から出された答申『新たな未来を築くための大学教育の質的転換に向けて』では、成績評価にルーブリックなどを積極的に使うことが提言されています。今後、大学の成績評価で活用されることになります。

次ページの表は、私が作成した論文のルーブリック例です。論文の評価を行うポイントを、私の基準で示してあります(現在、共通の基準はありません)。

論文評価のルーブリック

	評価項目	優れている (3)	
序論	研究の背景と目的	背景・目的の記述が問いと関連付けられて明確に書かれている。	
序論	問いを立てる	問いが明確で、独創的である。	
本論	方法（実験または調査を行う場合）	実験・調査の方法と得られたデータの分析方法を明確に示している。	
本論	先行研究	先行研究を十分に調べ、自分の研究との関連や違いを明確に示している。	
本論	結果を示す	得られたデータが明確に示されている。 データや事実から、問いに対する答えが順序良く説明されている。	
結論	結果の考察	最初に立てた問いがどのように解決されたのかが明確に書かれている。 また、「何が明らかになったのか」も明確である。	

	よい (2)	不十分である (1)
	背景・目的の記述が書かれている。	背景・目的の記述が不十分である。
	問いが適切に立てられている。	問いが不明確で、何を明らかにしようとするのか不十分である。
	実験・調査の方法は適切であるが、データの分析方法が示されていない。	実験・調査の方法の説明が不十分で、データの分析方法も示されていない。
	先行研究の調査はしているが、自分の研究との関連や違いは必ずしも明確ではない。	先行研究の調査が不十分で、研究の現状についての理解が不十分である。
	得られたデータが示されている。しかし、データや事実から、問いと答えとの関連性に疑問が残る。	得られたデータが示されている。しかし、データや事実から、問いの答えがきちんと推測できない。
	最初の問いがどのように解決されたかは書かれているが、部分的にデータや事実に不備がある。	最初の問いがどのように解決されたかは書かれているが、得られたデータや事実から結論を導き出すのは無理がある。

続く

	評価項目	優れている (3)	
日本語表現・引用・注・参考文献リスト	誤字・脱字ほか	誤字・脱字、章・節、図表の番号などに誤りがない。	
	パラグラフ（段落）	段落の最初の一文が、段落の内容を適確に示している。 段落の最初の一文だけを読んでいっても、内容が理解できる。 段落の1字下げが行われている。	
	用語の定義	問いに含まれる用語、根拠となる事実の用語について、適確に定義して使っている。	
	引用	引用箇所が「　　」を使って明示されている。適切な長さで引用されている。	
	注（脚注・文末注）	引用・図表全てに出典が明示されている。適切に参考文献が書かれている。	
	剽窃（コピペ）	まったくない。	
	参考文献リスト	論文内で使用した文献の一覧表が適切に書かれている。	

	よい (2)	不十分である (1)
	誤字・脱字、章・節、図表の番号などに軽微なミスがある。	誤字・脱字、章・節、図表の番号などの誤りが目立ち、見直す必要がある。
	段落の最初の一文が、段落の内容を明確に示していないところがある。段落の最初の一文だけを読んでいっても、部分的に内容が理解できない。段落の1字下げは行われている。	段落の最初の一文が、段落の内容を明確に示していないところが多い。段落の最初の一文だけを読んでいっても、内容が理解できない。段落の1字下げが行われていないところがある。
	問いに含まれる用語、根拠となる事実の用語について、一部、定義していないものがある。	問いに含まれる用語、根拠となる事実の用語について、定義していないものが多い。
	引用箇所が「　」を使って明示されているが、必要以上に引用されている箇所がある。	引用箇所が「　」を使って明示されていない箇所がある。また、必要以上に引用されている箇所がある。
	引用・図表全てに出典が明示されている。参考文献の情報に、一部不正確なものがある。	引用・図表全てに出典が明示されていない。参考文献の情報に、一部不正確なものがある。
	まったくない。	まったくない。
	論文内で使用した文献の一覧表が書かれているが、一部記述の漏れがある。	文献の一覧表に論文で使用していないものが含まれる。記述に不正確さが目立つ。

◆剽窃や不備の基準とペナルティ

ところで、剽窃（盗用）のレポート・論文はどう評価されるのでしょうか。

残念ながら、評価対象にはなりません。大学によっては、カンニングと同等と考え、処分対象になるところもあります。

形式に不備があるが、内容がユニークな論文はどうでしょう。内容の独自性は評価されます。問題は、形式の不備の程度です。

> ・論証がされていない
> ・事実と意見の区別が明確でない
> ・引用が不適切

のいずれか一つに該当しただけで、合格点には達しません。

内容が不十分な場合、レポート・論文ともに、提出後の書き直しは、原則ありません。一度提出したらそれで全て評価されます。

6 論文に取り組む本当の意味とは

　これまで、レポート・論文の作成方法について、書いてきました。特に論文は、完成に長い時間を要し、初めての人にはフルマラソンのようなものです。卒論を書いた経験がある人には、「大変だった」という思い出があるはずです。他方、卒論を書いて「ためになった」という人は少ないと思います。

　最後に、論文を書く上で学生に助言してきた心構えと、どうすれば論文が学生にとって意味あるものになるかを述べて終わりたいと思います。

◆毎日、同じ分量が書けるとは限らない

　「先生、卒論を書く上で一番大切なことは何ですか？」
　学生から聞かれると、こう答えることにしています。
　「それは、完成させることです」
　これは冗談ではなく、半ば本気です。期限までに、きちんと完成稿を作り上げるスケジュール管理も大切です。

　卒論スケジュール**[38 〜 39 ページ参照]**では、執筆に2カ月を想定しています。標準的な卒論の字数 12,000 字を 60 日で割ると、1日わずか 200 字です。毎日コツコツ 200 字ずつ書いて完成させたという学生は、私の知る限り一人もいません。しかし、書かないまま締め切り1カ月前になると、1日 400 字を書く必要があり、プロ作家並みの執筆量になります。

　私自身、書く分量は一定ではなく、順調に書いていても、突然数日ストップすることがよくあります。過去には、別の

論文が私が考えている以上の内容で、先の見通しが立たなくなったことが何度もありました。

　毎週の連載をしているプロの作家、毎日動画をアップしている人気YouTuberは、その才能もさることながら、日々の努力に驚嘆するしかありません。

　大学生が努力を継続して完成させるのが、卒業論文です。「継続する」ことの意味を、卒論を通して感じとってほしいと思います。

◆ 書いてよかったと思える論文体験を

　論文を書いた学生が「書いてよかった」と思えるためには、何が必要でしょうか。

　教員の側からは、書くことで「批判的思考力が身につく」「論理的な思考の訓練になる」などの意義が強調されます。しかし私の知る限り、卒論を書いて「大変だった」「何とか提出できた」という声がある一方、「ためになった」「よかった」という声はほとんど耳にしません。これでは、「とにかく書きさえすればきっといいことがあるから」と無理強いになっている可能性があります。

　学生が何らかの問題を解決しようとするのであれば、**学生にとって意味のある問い**を立てられるようにサポートし、その問いを教員も一緒に考えることが、学生には問題解決の「体験」になると私は考えます。

結びに代えて

小さな疑問が世界を変える

　書き終えた直後の率直な感想は、「やっぱり細かいルールがあるなあ」というものでした。もちろん、細かいルールに精通した「審判員」になることが目標ではありません。

　私が本書で伝えたかったのは、レポート・論文を書く際の基本姿勢です。一つは「問題は何か」と「問題の本質は何か」をつかむことです。もう一つは、「自分の頭で考える」ことです。この二つがレポート・論文の出発点であり、社会で取り組むべき課題にも直結しています。

　テーマの出発点は、「何かおかしい」「なぜだろう」という疑問です。この感覚は大切にしてほしいと思います。誰でもこうした疑問に日々遭遇しているはずですが、「当たり前」のこととしてやり過ごしています。

　この小さな疑問こそ、新しいビジネスのヒント、仕事のやり方の見直し、制度や慣習を変える大きな可能性を秘めています。自分を変え、成長させてくれるのも、苦悩の中で次々生まれてくる疑問です。全くテーマが思い付かなかった学生が、あるきっかけで「安楽死」の問題を知り、この問題の本質を掘り下げた例を本文で紹介しました。中学から大学まで

競技スポーツのトップ選手だった学生は、日本の運動部に根強くある「勝利至上主義」「指導者、先輩は絶対」とする風土をおかしいと感じてきました。海外の練習方法、強豪国の指導者育成方法を学び、スポーツ科学に基づいた練習方法や新しいスポーツ指導者像の必要性を論文にまとめました。

　専門家の意見をうまくまとめたレポート・論文を、毎年のように目にします。資料を十分に読み込み、きちんとまとめられていますが、専門家の意見ばかりが伝わってくるので、残念に思います。

　本書の出版にあたり、企画を提案いただき、貴重な助言をいただいた編集者の玉木裕子さんに感謝します。すばる舎の編集部からも、適確なコメントをいただきました。

　最も感謝すべきは、これまでのゼミ生、授業を受けた学生です。レポート・論文の書き方は、学生たちに教えてもらったと言っても過言ではありません。こうした経験を読者の方々に活用していただけるのであれば、これ以上の喜びはありません。

　令和元年十月

新田　誠吾

巻末付録

・「裁判員に量刑判断をさせることは妥当か」
　（論証型レポートサンプル）198〜207

・筋道確認作業サンプル　208〜209

・要旨サンプル　210〜213

・第6章　解答ページ　214〜218

・本書内容検索　219〜223

裁判員に量刑判断をさせることは妥当か

I. はじめに

2009年から裁判員法が施行され、2019年2月末までに、1万3千名を超える国民が裁判員として刑事裁判に参加してきた[1]。米国の陪審制度と異なり、日本の裁判員は裁判官と協働で有罪・無罪の判断を下し、さらに刑罰の量定（量刑）まで行う。施行後の2009年から2013年まで、法務省の「裁判員制度に関する検討会」で検討が行われた。2019年1月から新たな検討が始まった。裁判員による量刑について、弁護士からの異論や法心理学からの指摘があるが、検討会の対象には含まれていない。そこで本レポートでは、裁判員に量刑判断をさせることが妥当かについて考察する。まず、裁判員選定段階での出席率の低下、辞退者の増加に注目し、背景にある裁判員の負担を考える。次に、量刑について専門家と裁判員の捉え方の違いを明らかにする。最後に、裁判員裁判制度が目ざす「健全な社会常識の反映」の問題点を指摘し、量刑判断の妥当性を述べる。

> 裁判員制度のこれまでの経緯
> レポートの「問題提起」
> 論点1
> 論点2
> 論点3

II. ─────────────── ここでは表題不要

1. 裁判員になることの負担   論点1

　裁判員候補者の選任手続期日への出席率は低下し、辞退者は増加傾向にある。出席率は 2009 年の 83.9% から 2019 年の 65.3% まで低下し、辞退率は 53.1% から 68.0% に上昇している[2]。最高裁は、(1) 審理日数の増加、(2) 人手不足や非正規雇用、(3) 高齢化、(4) 国民の関心の低下を原因に挙げている[3]。　　　具体的なデータを示す

　しかし仮に欠席・辞退をしなくても、裁判員に選ばれることを負担に感じる人の割合は、ほぼ半数に達する。最高裁が 2018 年 1 月から 12 月に裁判員経験者に対して行ったアンケート（5,392 名。回答率 99.5%）によると、積極的な参加意向 37.0% に対し、消極的な参加意向は 47.0% あった[4]。消極的な人たちの理由（自由回答）は、件数の多い順に「責任が重い、他人の人生を決めることへの不安・負担など」「社会生活上（育児介護、仕事など）の支障」「専門知識の不足による職務への不安、職務の負担」「恐怖感、犯罪に関わり合いたくないといった気持ち」である[5]。裁判員裁判の対象は、殺人など重大な犯罪

が多い。仕事や育児を休んで裁判に参加し、有罪の場合、専門知識のないまま、死刑を含む量刑を判断しなければならない。裁判員制度の現状には、こうした負担の問題がある。

> 論点1に対するまとめ

2. 量刑に対する考え方の違い

　刑罰を与える目的や量刑の基本的考え方について、法曹や研究者の間に大きな差はない。刑罰の目的は、応報（報復）ではなく将来の犯罪抑止にある。一般市民を威嚇し、規範意識を強化することで犯罪を抑止する（一般予防）。他方、被告人は教育・更生によって再犯を防ぐ（特別予防）。そのため、科す刑は「応報刑」ではなく「教育刑」と呼ばれる。また、量刑とは「被告人の犯罪行為に相応しい刑事責任を明らかにすること[6]」である。それは「行われた犯罪の客観的重さ（特に発生した結果の重大さ）に従って刑を決める[7]」のではない。行為の「結果」ではなく、「責任」に応じた刑を科すのが量刑の基本原則である。

　これに対し、一般市民の量刑判断は応報的であるという法心理学の研究がある。Carlsmithほかによれば、一般市民が刑を重くするのは、一般予防の観点からではなく、発生した結果の大きさのみである[8]。

> 根拠①

また、綿村ほかは、「結果は重大である」という主観的評価のみが量刑の重さに影響を与えていることをシナリオ実験で確かめた[9]。

グループの多数派が量刑に影響を及ぼすことを示した研究もある。多数派が量刑を重く考えるグループでは、「集団討議によって行われる量刑判断の結果（判決）は、討議前の平均よりも重くなる傾向[10]」があり、他方、軽く考えるグループでは討議前の平均よりも軽くなる。前者は「被害者側に偏った応報的な討議を展開し、量刑を重くする傾向が強い[11]」が、後者は「被告人の更生等について目を向けることでその傾向が弱まる[12]」としている。

根拠②

さらに、被告人や被害者の属性も量刑判断に影響を与える。Dion ほかは、被告人の身体的魅力が量刑を軽くすることを確かめた[13]。山岡・風間が行った研究では、犯罪被害者に全く落ち度がない場合でも、被害者の否定的要素が強まると、被害を天罰、自業自得と見るようになる。また被害者の社会的地位が低く、否定的要素が強い場合は、その逆の場合に比べ、量刑が軽くなる傾向にある[14]。

根拠③

このように、裁判員裁判では量刑への理解がまったく異なる両者が評議を行ってい

論点2に対するまとめ

ることになる。しかも、評議内容には守秘義務があるため、量刑判断が国民の間で共有されることはない。

3. 健全な社会常識の反映

現行の裁判員制度は、国民の司法への参加を推進する目的で制度設計が行われている。その意義は、「法律専門家である裁判官と非法律家である裁判員とが相互のコミュニケーションを通じてそれぞれの知識・経験を共有し、その成果を裁判内容に反映させる」ことにある。そのため、「犯罪事実の認定ないし有罪・無罪の判定」および「国民の関心が高い刑の量定」の両方に「裁判員が関与し、健全な社会常識を反映させる[15]」ことを求めている。

2012年に最高裁が作成した「量刑分布」のグラフを見ると、強姦致傷のみ量刑が約2年重くなっている。これは性犯罪に対する社会常識が判決に反映されたと見ることもできよう。社会が「性の自由」「性の自己選択権」という法益を重視しているとも解釈できる。

しかし、市民の社会常識を量刑に反映させることには、大きく二つの問題点が考えられる。一つには、前節で見てきたように、裁判員の判断は応報的であり、結果の

> 論点3
> なぜ制度が導入されたか
> 制度の意義

> 理由①

重大さに大きく影響を受けるということである。また、被害者や被告人の属性によって、さまざまな認知バイアスがかかる。影響を受けた判断を判決に含めることは、妥当ではない。二つ目は、被告人の権利保護という観点である。国民は、憲法32条で裁判を受ける権利が保障されている。これには、法の適正な手続（デュー・プロセス）の保障が重要である。刑法等が定めた内容と過去の判例に照らして厳格に判断されることが、法律上の「正義」の実現であると私は考える。社会常識を含めることは適正な手続に疑義が生じると考えられる。

理由②

　以上の理由から、量刑判断は専門的な知識と技術が必要であり、裁判官が行うべきで、国民が参加すべきではないと考える。刑法を体系的に理解し、判例の積み重ねから量刑判断を行う能力を有しているのは、裁判官をおいて他にはいない。

問題提起に対する答え＝意見（結論）

III. おわりに

　これまでの考察から、裁判員に量刑判断をさせることは妥当ではないという結論に至った。裁判員の判断は応報的であり、現在の法体系とは相いれない。社会常識や保護法益の変化は、立法府による法改正で十

問題提起から問題解決までの振り返り

分対応できると私は考える。

裁判員は、死刑判断をしなければならない場合もある。間違いは許されず、責任は重大である。そうした判断を素人である一般市民に強いる制度は、健全な社会常識からかけ離れていると考える。

注

1) 最高裁判所 (2019). 裁判員裁判の実施状況について（制度施行〜平成31年2月末・速報）, p.1. http://www.saibanin.courts.go.jp/vcms_lf/h31_2_saibaninsokuhou.pdf（2019年3月25日アクセス）

2) 最高裁判所 (2019), p.5.

3) 法務省 (2019). 裁判員制度の施行状況等に関する検討会（第2回）議事録. http://www.moj.go.jp/content/001289963.pdf（2019年4月11日アクセス）

4) 最高裁判所 (2018). 裁判員等経験者に対するアンケート調査結果報告書〈平成29年度〉. 最高裁判所, p.47. http://www.saibanin.courts.go.jp/vcms_lf/h29-a-1.pdf（2019年4月11日アクセス）

5) 最高裁判所 (2018), p.181-2. http://www.saibanin.courts.go.jp/vcms_lf/h29-a-4.pdf（2019年4月11日アクセス）

6) 司法研修所編 (2012). 裁判員裁判における量刑評議の在り方について. 法曹会, p.5.

[7] 司法研修所編 (2012), p.7.

[8] Carlsmith, K. M., Darley, J. M., & Robinson, P. H. (2002). Why do we punish? :Deterrence and just deserts as motives for punishment. Journal of Personality and social Psychology, 83, p.284-299.

[9] 綿村英一郎・分部利紘・高野陽太郎 (2010). 一般市民の量刑判断：応報のため？ それとも再販抑止やみせしめのため？, 法と心理, 9(1), p.98-108.

[10] 板山昂 (2014). 裁判員裁判における量刑判断に関する心理学的研究：量刑の決定者と評価者の視点からの総合的考察. 風間書房, p.113.

[11] 板山昂 (2014), p.114.

[12] 同上

[13] Dion, K., Berscheld, E., & Walster, E.(1972). What is beautiful is good. Journal of Personality and Social Psychology, 24, p.285-290.

[14] 山岡重行・風間文明 (2004). 被害者の否定的要素と量刑判断. 法と心理, 3(1), p.98-110.

[15] 司法制度改革審議会 (2001). 司法制度改革審議会意見書：21世紀の日本を支える司法制度. 首相官邸, IV 国民的基盤の確立. https://www.kantei.go.jp/jp/sihouseido/report/ikensyo/iken-4.html (2019年4月10日アクセス)

参考文献

板山昂 (2014). 裁判員裁判における量刑判断に関する心理学的研究：量刑の決定者と評価者の視点からの総合的考察. 風間書房

Carlsmith, K. M., Darley, J. M., & Robinson, P. H. (2002). Why do we punish? :Deterrence and just deserts as motives for punishment. Journal of Personality and social Psychology, 83, p.284-299.

最高裁判所 (2018). 裁判員等経験者に対するアンケート調査結果報告書〈平成29年度〉. 最高裁判所. http://www.saibanin.courts.go.jp/vcms_lf/h29-a-1.pdf および http://www.saibanin.courts.go.jp/vcms_lf/h29-a-4.pdf （2019年4月11日アクセス）

最高裁判所 (2019). 裁判員裁判の実施状況について（制度施行～平成31年2月末・速報）, p.1. http://www.saibanin.courts.go.jp/vcms_lf/h31_2_saibaninsokuhou.pdf

司法研修所編 (2012). 裁判員裁判における量刑評議の在り方について. 法曹会

司法制度改革審議会 (2001). 司法制度改革審議会意見書：21世紀の日本を支える司法制度. 首相官邸, IV 国民的基盤の確立. https://www.kantei.go.jp/jp/sihouseido/report/ikensyo/iken-4.html （2019年4月10日アクセス）

Dion, K., Berscheld, E., & Walster, E.(1972). What is beautiful is good. Journal of Personality and Social Psychology, 24, p.285-290.

法務省 (2019). 裁判員制度の施行状況等に関する検討会(第2回)議事録. http://www.moj.go.jp/content/001289963.pdf（2019 年 4 月 11 日アクセス）

山岡重行・風間文明 (2004). 被害者の否定的要素と量刑判断. 法と心理, 3(1), p.98-110.

綿村英一郎・分部利紘・高野陽太郎 (2010). 一般市民の量刑判断：応報のため？　それとも再犯抑止やみせしめのため？, 法と心理, 9(1), p.98-108.

※できるだけ多くの資料の書誌情報を示すため、通常のレポートの数倍の参考文献を用いていることを、お断りしておきます。

> サンプルはここまでです。
> この後に第 6 章の point 1 で解説した、筋道を逆にたどって検証するシートを掲載しています。

筋道確認作業サンプル [本文150ページ]

結論 裁判員に量刑判断をさせるべきではないと考える。

なぜこう結論付けた？

- 裁判員の判断は、応報的だから。
- 死刑を含む判断は精神的な負担が大きいから。
- 被告人の権利保護にはその方が良いから。

- 先行研究で確かめた。
- 辞退率が増加しているから。
- 最高裁によるアンケート結果
- 被告人には適正に裁判を受ける権利があるから。

この三つ、こう言える根拠は？

そもそも、なぜ量刑判断させるようになったのか？

「健全な社会常識」を刑事裁判に反映させるためだった。

↓

これに対する反論は？

⇅

犯罪が重大であれば、市民は報復としてより重い刑を科すため、適正な裁判とは言えない。

↓

問い　裁判員に量刑判断をさせることは妥当か。

前提（これまでに分かっていること）
・裁判員制度は2009年開始、裁判員は有罪・無罪のほか量刑も判断する。
・すでに裁判員裁判で、死刑判決を言い渡した事例がいくつもある。
・先行研究、法曹界、マスコミから、裁判員裁判の問題点が指摘されている。

要旨サンプル
①大学生の授業満足度に関する論文

　IMRAD 方式論文の要旨の例です。用語は難しいですが、「大学 1 年生が大学の入門科目を学んだ際、どのような因子が授業の満足度に結びつくか」という研究です。
　第 1 段落には論文の問いと先行研究の現状が、第 2 段落には研究方法が、第 3 段落には論文の結論とその意味が記されています。

本論文は、初年次教育における学修成果の測定のうち、学生の「授業満足度」に影響を与える因子分析を試みたものである。	論文のテーマ
わが国では、文部科学省が主導して、大学教育の「学修成果の可視化」が求められることになった。	現状と背景
先行研究では、初年次教育の学修成果について、実際に測定を行い、分析したものは多い。しかし、どのような因子が学生に成長を実感させ、授業に対する満足度を高めるのかを分析したものはない。	先行研究への言及と論文の問い
本学部で初年次教育として開講されている「大学入門セミナー」で、3 年間にわたり、全受講生にアンケート調査を行った。この科目は、シラバス * が共通であり、共通テ	研究の方法・分析

キストを使って行われている。アンケートの各項目は回帰分析[**]を行い、自由記述は形態素解析[***]を行った。

　分析の結果、「教員に対する親しみやすさ」「授業内容への導入」「学習方法の明確な提示」の3点が「授業満足度」に影響を与えていることが分かった。形態素解析からは、学生の「つまづき」を察知し、学生間でその解決をさせる試みも重要であることが判明した。このことから、教員は一方的に教えるだけでなく、学生の学修に積極的に関与することが何より重要であり、内容への参加を助け、その学修を支援する役割が求められる。

結論

考察（結論の意味付け）

---

[*] 大学の授業計画のことで、科目ごとに学生に提供されている。
[**] 「授業満足度」に影響を与える要因（因子）との関係を調べるもの。
[***] 自由記述に書かれた単語（「楽しい」「難しい」「課題」「調べる」「話し合う」など）のうち、どういった単語が多く出現するかを調べるもの。

要旨サンプル
②アニメの「聖地巡礼」に関する論文

　論文のテーマ選びは「自分の関心」が基本ですから、多様な切り口があります。２点目は、「アニメの聖地巡礼」をテーマにした論文の要旨のサンプルを紹介します。

　近年のアニメーション文化の発展は、国内外共に目覚ましい。アニメの「聖地巡礼」は、アニメファンにとって作品世界を現場で感じる重要なイベントになっている。しかし、認知されるにつれ、聖地に変化が生じている。それは、聖地に集まるファンが、新たな観光の顧客として注目されるようになったからだ。なぜ、これほどまでに聖地の観光地化が進んだのか。また、そうした変化の中でも、聖地として大切にしなければならないものは何か。この二つの問いを軸に、アニメ聖地の現状と課題を浮き上がらせていく。｜現状と問い

　本論文で、私は「聖地は空気感を大切にするべき」という主張を展開する。まず、アニメ聖地巡礼の現状を、作品を例に挙げながら解説する。次に、観光地化した要因を分析する。その上で観光産業となった聖｜結論と方法

地巡礼が、今後発展していくための条件を考察する。

　空気感とは、作品の「世界観」を現場で再現し、ファンに感じさせる工夫を指す。これは、聖地が巡礼者達に作品世界を感じさせる上で必要不可欠なものである。これを無視して商業主義に走った場合、アニメ聖地としての魅力は消滅する。観光地型の聖地にしても、ただグッズやキャラクターイラストを並べるのではなく、作品に寄り添ってこそ理想的な聖地が生まれる。私は、この「空気感」を大切にすることが聖地にとって最も重要であると主張する。

> キーワード「空気感」の説明と、結論の繰り返し

第6章　解答ページ

point 6　解答

問題は 155 ページ

話し言葉を**太字**で示します。

謝りの抽出

　現地調査を**やってみて**分かったことを、ここで**ざっくり**まとめておきたい。

　観光客が減少し、街のにぎわいが失われていく中、立ち上がったのは旅館や商店の若い経営者たちだった。**やるんだったら**、とことんやろうと、個々の旅館や店舗の垣根をなくし、街の中心で休日の企画をどんどん行った。すると、街に**すごい**変化が起きた。旅館の部屋に留まっていた観光客が街に出るようになり、活気が戻ってきた。温泉地の中心に屋台が並べば、客はすぐに**来れて食べれる**。温泉以外に企画目当てのファミリー客が増え、**イベント的にも**成功を収めたと言える。若手経営者の代表を務める橋本さんは、**やっぱりちゃんと**お客さんに向き合うことが大切だと言う。**とりあえず**調査の概要は、以上である。

話し言葉	書き言葉
やってみて	行って
ざっくり	大まかに
やるんだったら	やるのであれば
（どんどん）	次々と、次から次に。使用可能。
すごい	大きな、劇的な
来れて　［ら抜き］	来られて

食べれる　[ら抜き]	食べられる
イベント的にも	イベントとしても
やっぱり	やはり
ちゃんと	きちんと
とりあえず	(さしあたって)。ここでは代替語は不要。

「やるんだったら（とことんやろう）」と「やっぱりちゃんと」は、実際に話された言葉ではありますが、カギカッコなしで本文として表現されていますので、書き言葉に置き換えて記します。

書き直し後

　現地調査を行ってみて分かったことを、ここで**大まかに**まとめておきたい。

　観光客が減少し、街のにぎわいが失われていく中、立ち上がったのは旅館や商店の若い経営者たちだった。**やるのであれば**、とことんやろうと、個々の旅館や店舗の垣根をなくし、街の中心で休日の企画をどんどん行った。すると、街に大きな変化が起きた。旅館の部屋に留まっていた観光客が街に出るようになり、活気が戻ってきた。温泉地の中心に屋台が並べば、客はすぐに**来られて食べられる**。温泉以外に企画目当てのファミリー客が増え、**イベントとしても**成功を収めたと言える。若手経営者の代表を務める橋本さんは、**やはりきちんと**お客さんに向き合うことが大切だと言う。調査の概要は以上である。

point 20　解答
問題は 170 〜 174 ページ

[表記]
(1) ⓒ　(2) ⓐ　(3) ⓐ　「耳障りがよい」は誤り。
(4) ⓑ　(5) ⓐ　「あわや」は悪いことの前に使われる副詞。

[漢字　初級編]
(1) ⓐ押さえる　ⓑ抑え　ⓒ抑える
　押さえる（上から力を加えて動かないようにする、確保する）
　抑える（勢いをとめる）
(2) ⓐ変えた　ⓑ替えた　ⓒ換えた
　変える（以前、今とはちがう状態にする）一変
　替える（いくつかあるうちの別のものにする）交替
　換える（AとBを交換する）換気、換金
　代える（あるものに役割をさせる）代用　「あいさつに代えて」「お礼に代えて」
(3) ⓐ回り　ⓑ回り　ⓒ周り
　回り（回転の動き、広がるさま）
　周り（取り巻いている外側）外周
(4) ⓐ開放感　ⓑ解放感
　開放（あけはなすこと）
　解放（束縛から自由になること）
(5) ⓐ下　ⓑ基　ⓒ元
　下（支配力の及ぶところ）支配下
　基（土台）基礎
　元（起こり、始まり、原因）

[漢字　中級編]

(1) ⓐ作製　ⓑ作成
　　作製（物品など品物を作ること）
　　作成（品物そのものより、内容に力点）
(2) ⓐ感知　ⓑ関知
　　感知（感じて知ること、機械が計測で知ること）
　　関知（関係して知ること）
(3) ⓐ執った　ⓑ採って　ⓒ撮った　ⓓとった（録った）
　　ⓔ取った（摂った）
　　執る（ペンなど棒状のものを手にして仕事をする）執筆、執行
　　採る（選びとる、とりだす）採血、採取
　　撮る（撮影する）
　　取る（そこにあるものを手に持つ、自分のものにする）
(4) ⓐ臨む　ⓑ望む　ⓒ臨む
　　臨む（向く、面する、行く）臨席、臨場感
　　望む（そうあってほしいと思う、眺める）願望、一望
(5) ⓐ改定　ⓑ改定　ⓒ改訂
　　改定（今までのものをやめて新しくする）
　　改訂（字句を改める）

[漢字　上級編]

(1) ⓐ保証　ⓑ保証　ⓒ補償　ⓓ保障
　　保証（まちがいないと請け合う）
　　保障（侵されないことを約束し、必要な処置をとる）
　　補償（受けた損害を埋め合わせる）
(2) ⓐ交ざって　ⓑ混ざって
　　交ざる（とけあわない）
　　混ざる（とけあう）

(3) ⓐ昇る／上る　ⓑ上る　ⓒ登る　ⓓ上る　ⓔ昇る／上る
　　ⓕ登る　ⓖ上る
　　上る（上方に向かう。とり上げられる。下るの対語）
　　昇る（一気に上がる。降りるの対語。上ると書いてもよい）
　　登る（足でよじのぼる、足で目的地にのぼる）
(4) ⓐ利いて　ⓑ効かせて
　　利く（十分にはたらく）
　　効く（効果がある）
(5) ⓐ固い　ⓑ硬い　ⓒ固い　ⓓ堅い　ⓔ堅い
　　固い（結びつきが強く、変わらない）強固、固定
　　堅い（ひきしまってかたい、たしかな、しっかりした）、
　　堅固、堅実
　　硬い（外の力に強い、こわばっている）硬球、硬化

本書内容検索

①テーマ別掲載リスト

レポート・論文のさまざまなテーマを設定して解説しました。テーマ別の掲載ページ一覧です。調査手法や論の組み立てなど、詳しく取り上げたテーマには◎が付いています。

◎裁判員裁判　34，**41〜43**，**47〜48**，54，65〜67，71〜73，75，84，**86〜87**，150，**198〜207**
◎食品ロス問題　24〜25，33，105〜**106**，**112〜117**，142〜145
◎子どもの貧困　26，136〜137，**139〜141**
◎子育てしやすい町　**81〜84**
・田辺・弁慶映画祭　50〜51，105，**107**，**123〜124**
・アニメの聖地巡礼　**212〜213**
・教育　33，46，148〜149，**210〜211**
・競技スポーツ　20〜23，153〜154

②資料図表一覧

図表やサンプルのうち、目次に掲載されていないもののリスト（登場順）です。
　　　□…サンプルなど、実際の作業に役立つもの
　　　■…資料・情報

□卒業論文完成までの流れ　39
□定義メモの例　42〜43
□用語メモの例　43
□メモ：裁判員制度の問題点　47〜48
■国と地方公共団体の主なリンク先　53

- ■大学図書館が提供するデータベース　57
- ■大学の統合検索サービス　57
- □アウトラインの作業の流れ　85
- □完成したアウトライン（裁判員裁判）86～87（子育てしやすい町）83（食品ロス問題）116～117
- □書式サンプル　表紙付き103／表紙なし104
- □序論サンプル　106～107
- □食品の「3分の1ルール」説明図　114
- □本論図表サンプル　（グラフ）120（表）121～122
- □結論サンプル　123～124
- □段落の組成図　128
- ■漢字・ひらがなの主な表記基準　169
- □書籍表紙／奥付サンプル　182
- ■論文評価のルーブリック　188～191

③心技体インデックス

「まだこの本を活用できる状態にない」「どこから始めればよいか分からない」という方は、自分に当てはまる項目を探してみてください。索引ではなく、ヒント探しのインデックスです。気持ち（心）・技術（技）・体裁やルール（体）に分類しています。挙げてある行き先は一例で、表現も短くまとめてあります。そこから読み広げていってください。

心 レポート・論文への迷いを取り除き、取り組む気持ちを高めたい

- ●自分のテーマが浮かばない
    - →44「引っかかり」45「自分の問いを削り出す」「女性のオタクの支出額」
- ●テーマはあるが問いが立てられない
    - →76「他人の助言を受ける」
- ●自分の考えを打ち出すことが恥ずかしい
    - →30「常識を捨てる」「通説を疑う」

- 人の意見に引きずられる
    - → 31「専門家崇拝」49「人の考えの受け売り」70「資料の中に答えを探さない」
- 校内でできるだけ課題を済ませたい
    - → 56「大学図書館の利便性」
- 机に向かって書くのはつまらない
    - → 50「レポートは足で書け」「現場を見に行く」
- ハマっている趣味はあるがレポート向きでない
    - → 97「強い思い入れがあると良い論文になる」
- とにかく書き写して提出したい
    - → 192「盗用は評価対象にならない」
- 物事に取り掛かれずグズグズしている
    - → 38「ギリギリにやるタイプ」39「提出期限が迫っている」
- 未来のことに興味がある
    - → 78「いい問いに生まれ変わらせる」
- 調べるより書くほうが好き
    - → 37「いきなり書かない」
- 自分のような部外者が論じてよいのか
    - → 51「外部の視点で」

技 少しでも多く調べ、良いものを書きたい

- テーマで本を探したい
    - → 58「今風のキーワードで検索」56〜57「OPAC」
- テーマに少しでも触れている資料はすべて欲しい
    - → 59「連想検索」
- アンケート調査はラクだし楽しそうだ
    - → 63「工夫が必要」64「いいかげんに答える回答者」
- 資料の整理が苦手／図書館の本の返却期限がもうすぐ
    - → 65「情報源をメモ」84「ソフトやアプリ」
- 資料の要る・要らないを瞬時に選別したい
    - → 58「目次と『はじめに』を読む」
- ネットの情報を活用したい
    - → 54「依存しない」55「ウィキペディアは要注意」

- ●考えややることリストを忘れてしまう
    - → 46「メモは脳の外部記憶装置」85「ホワイトボード、スマホ」
- ●つい感想を加えたくなる
    - → 96「感想は書かない」
- ●事実とそれ以外との見極めが難しい
    - → 94「次の5つのうち事実はどれか」
- ●調査は好きだが物事をじっくり考えるのが苦手だ
    - → 112「結果を導き出す（実演）」
- ●冒頭から読み手を引き付けたい
    - → 136「最初の一文が良くない例」133「キーワードの差が印象に直結」
- ●話や文章でいつも相手を退屈させているようだ
    - → 133「陳腐なワード」「時系列で語るな」141「双方向の議論」
- ●話や文章でいつも相手をイライラさせているようだ
    - → 140「冒頭で結論を述べる」
- ●国語力には自信がある
    - → 170「テスト・日本語の表記・漢字を正しく使う（択一式・全20問）」

体 体裁や形式をきちんと整えたい

- ●分かりやすい方がよいので、ざっくばらんな表現で書きたい
    - → 155「話し言葉を混ぜない」
- ●難解な言葉でハイレベルに仕上げたい
    - → 148「難解な文章は一種の悪文」
- ●何が何でも高評価を取りたい
    - → 188「ルーブリック評価」
- ●だんだん難しくなってきて、自分でも書いていて混乱する
    - → 110「用語を定義する」
- ●参考程度に読んだ本も参考文献なのか？
    - → 181「引用などをしていないものは除く」
- ●引用だらけになってしまった
    - → 180「3割を超えない」

- ●ルールが面倒に思える。最低水準を知りたい
    - → 186「初心者仕様チェックリスト」
- ●引用したい部分が長いので、かいつまんで載せたい
    - → 179「要約引用」「中・上級者向け」
- ●資料によってまちまちな表記を自分で統一したい
    - → 168「記者ハンドブック」
- ●いつも、段落は適当に分けてしまっている
    - → 126「段落とはひとまとまりの話題」
- ●「である」調で書いたことがない／「ですます」調を使うと落ち着く
    - → 100「文体は『である』調で」
- ●字数内で書き終わらない／時間内に話し終わらない
    - → 145「200字単位を体にたたき込む」
- ●込み入った内容をうまく文字に表せない
    - → 134「パラシュート降下」
- ●恩師の論文を引用することになり畏れ多い
    - → 166「敬語や敬称を使わない」

著者紹介

新田 誠吾（にった せいご）
法政大学経済学部教授

◎──1960年、広島市生まれ。修道高校を経て、慶應義塾大学法学部法律学科卒業。大学で学んだドイツ語の魅力に取りつかれ、大学院に進学。同大学院文学研究科独文学専攻博士課程単位取得。1997年より現職。2015～2016年度、法政大学副学長。

◎──専門はドイツ語教育およびドイツ文学。中でもドイツの詩人リヒャルト・デーメルの研究では本邦の第一人者である。「リヒャルト・デーメルの『浄められた夜』──1900年前後の創作と検閲」（2014）など論文多数。

◎──大学のドイツ語教育に加え、専門のゼミでは論文を指導。本書にも登場する「200字作文」を取り入れた独特の手法で、四半世紀にわたって学生の文章力・論文執筆能力を伸ばしてきた。「長い文章が苦手な人でも、200字できちんと表現できれば、レポート・論文は書ける」という思いで指導にあたる。

これならできる！　レポート・論文のまとめ方

2019年10月25日　第1刷発行

著者────新田 誠吾
発行者────徳留 慶太郎
発行所────株式会社 すばる舎
　　　　　〒170-0013　東京都豊島区東池袋3-9-7 東池袋織本ビル
　　　　　TEL　03-3981-8651
　　　　　　　　03-3981-0767（営業部直通）
　　　　　FAX　03-3981-8638
　　　　　振替　00140-7-116563
URL────http://www.subarusya.jp/
印刷・製本──株式会社 光邦

乱丁・落丁はお取り替えいたします。
©Nitta Seigo 2019 Printed in Japan
ISBN978-4-7991-0837-6